東大生となった君へ

真のエリートへの道

田坂広志

光文社新書

目次

序話　少しだけ長く道を歩んだ先輩として　12
東大生となった君へ　12
「東大卒」という人生の落し穴　15
「エリート」という言葉の否定的な響き　18
「真のエリート」としての道　22
「小さなエゴ」の誘惑　25
心の奥深くの「もう一人の自分」　29
第一話　真のエリートとは何か　34

喜びと祝福の時期を終えて 34
合格後に見た人生の明暗 36
大学受験を前にした迷い 39
「エリート」と呼ばれて歩む人生 43
「エリート」という言葉の誤解 48
なぜ、君は、東大に入れたのか 49
命懸けで子供を育ててくれた母 52
「恵まれた人間」であることの自覚 54
「真のエリート」の条件 56
競争社会で見失う「自分の人生」 60
「真のエリート」として生きる 64

第二話　東大を出て活躍する人、活躍しない人　68

なぜ、東大卒に「活躍する人材」が少なくなったのか　68
東大卒の人材が抱く錯覚　71
活躍する人材が持つ「五つの能力」　74
実社会における「優秀さ」とは　78
「勉強以外の経験」が大きな差になる　80
「人間関係」という生涯のテーマ　83
人事部が東大卒を採用する「本当の理由」　87
高校時代の「頭の良さ」は何も保証しない　91

第三話　東大卒の半分が失業する時代が来る　94

「人工知能革命」という荒波 94
税理士会からの講演依頼の衝撃 96
人間が絶対にかなわない人工知能の能力 99
「知識」が価値を失う時代 103
人間の「勘」まで代替する人工知能 107
「知的職業」の半分が淘汰される 110
人工知能革命は「学歴社会」を崩壊させる 113
人工知能革命でも活躍する人材の条件 117

第四話　君は、いかにして「職業的能力」を身につけるか 122

「仕事のできる人材」とは 122
「職業的能力」とは単なるスキルではない 124

書物では「職業的能力」は身につかない 127
「知識」と「智恵」を混同しない 129
「反省」とは最も科学的な成長の技法 133
効果的な「反省日記」の習慣 135
一流のプロは必ず「師匠」を持っている 138
実社会で求められる「知的創造力」とは 142
米国のシンクタンクで学んだ「革新性」 145
「答えの無い問い」を問う力 150
安易に「正解」を求めない 154

第五話　君は、いかにして「対人的能力」を身につけるか 156

コミュニケーションの八割は「非言語的」 156

心の「推察力」と「想像力」 159
「非言語的コミュニケーション力」の修得法 162
最高のコミュニケーション力は「共感力」 165
「共感力」を身につけるために 169
「現場経験」で掴むもの 171
「苦労知らず」と「苦労人」 174
「苦労」についての二つの問い 177
真のエリートの「逆境観」 182

第六話　君は、いかにして「組織的能力」を身につけるか 186

人工知能が代替する「管理業務」 186
最も高度なマネジメントとは 189

求められる「カウンセリング力」 190
「リーダーシップ」の無いリーダー 192
二一世紀のリーダーシップの深化 194
「ビジョンと志」を語る 196
「成長への意志」を持つ 199
「可能性への信念」を抱く 200

第七話　東大在学中に何を身につけるべきか 204

活躍するために求められる「五つの能力」 204
「知能」を超えた「知性」を身につける 206
知性とは「魂の強さ」 211
高学歴の人物の不思議 214

ある「墓碑銘」の言葉 218
求められる「七つの知性」 221
「知識」と「教養」を混同しない 222
「知の生態系」と君自身の思想 225
「真の教養」とは何か 228
「学歴」から「体験歴」へ 231
求められる「体験的智恵」の棚卸し 237
自分の弱点と課題を明確にする 239
「大学での勉強」はどうするか 240
「目的意識」を持って徹底的に経験する 242
毎日「反省日記」をつける 244
「人間」というものを深く学ぶ 246
反省日記が高める「三つの能力」 248

その優れた力で何を成し遂げるのか　250

終　話　一度かぎりの人生をいかに生きるか　252

「大学に行ける」ことの有り難さ　252
叫ぶように書かれた手記　255
世界で最も恵まれた国　259
「輝き」と「導き」の人生　263
目に見えない「三つの報酬」　265
「砂時計の音」に耳を傾けて　269
「奇跡の一瞬」を生きる　273
少しだけ先を歩みながら　275

謝辞 278
さらに学びを深めたい君へ
――自著による読書案内―― 280

——序　話——

少しだけ長く道を歩んだ先輩として

東大生となった君へ

『東大生となった君へ』

この書名を見て、君は、何を感じただろうか。

まず、君の心に浮かんだのは、「この著者は、どんな人物だろうか」という疑問かもしれない。

そして、「こうした書名で本を書くからには、自分自身も東京大学を卒業した先輩なのだろう」と思ったかもしれない。

たしかに、私もまた、昔、東京大学に入学し、その大学を卒業し、人生を歩んできた、一人の先輩だ。

もう少し経歴を述べておくならば、私は、一九七〇年に大学に入学し、七四年に工学部を卒業した。その後、医学部で二年間、研究生として学び、さらに、工学部の大学院で五年間を過ごし、博士号を得た。

その後、一九八一年に民間企業に就職し、そこで九年間、企画と営業の仕事に携わり、その間、八七年から八八年に、米国に本拠を置く国際的シンクタンクで客員研究員を務めた。

帰国後、一九九〇年に、国内の銀行系シンクタンクの設立に参画し、一〇年間、センター所長や取締役などを務めた後、二〇〇〇年に、私立大学の大学院教授となり、現在に至っている。

それ以上の詳しい経歴については、巻末の略歴を見て頂ければと思うが、この本を上梓した二〇一八年、六七歳を迎えた人間だ。

同時に、私は、シンクタンクの時代から現在まで、未来予測、情報革命、知識社会、知的プロフェッショナルに関する本や、資本主義、企業経営、マネジメント、リーダーシップ、働き方、生き方に関する本などを上梓してきた著者でもある。

では、その私が、なぜ、この本を書いたのか。

それは、ただ一つの思いからだ。

君に、落し穴に陥らないでもらいたい。
そして、「真のエリート」としての道を歩んでもらいたい。
そのことによって、
多くの人々の幸せのために生きる道を歩んでもらいたい。
そして、より良き社会をめざし、歩み続けてもらいたい。

そのただ一つの思いからだ。

「東大卒」という人生の落し穴

君は、東京大学に入学したことによって、これから素晴らしい人生が拓けると思っているかもしれない。

たしかに、その可能性は、大いにある。

しかし、その一方で、東大生となり、東大卒となって歩む人生には、大きな落し穴がある。

それも冷厳な事実だ。

私自身も、道を歩みながら、その落し穴に何度も陥りそうになった。

それは、すべて、自分自身の未熟さが原因であったが、もし、幸いにして、その落し穴に陥ることなく歩んで来ることができたとするならば、それは、決して、私が賢明だったからではない。

それは、人生で巡り会った尊敬する先人たちが、その落し穴の危うさを教えてくれたからだ。未熟な一人の人間にとって、それは、大きな救いであった。

いま、私が歩んできた六七年の人生を振り返るとき、そうした落し穴に陥ることなく、堂々と、見事な人生を歩んできた東大卒の先輩たちも、決して少なくない。

しかし、残念ながら、その落し穴に陥ってしまった東大卒の先輩たちの姿も、数多く心に残っている。

最近の新聞やテレビを見ると、東大卒という肩書を持ちながら、その残念な言動によって、世の中の厳しい批判を受ける人々の姿を、君も目にしているだろう。

そして、それほど明瞭な形でなくとも、残念ながら、職場の片隅で、「あの人は、あれで東大卒なんだが……」と言われている先輩たちは、実は、決して少なくない。

だから、君には、そうした落し穴に陥ることなく、道を歩んでもらいたい。そして、君の中に眠る可能性を十全に開花させ、「真のエリート」としての道を歩んでもらいたい。

私が、この本を書こうと考えたのは、その思いからだ。

少しだけ長く道を歩んできた先輩として、そして、その歩みの中で、幾つもの落し穴を見てきた人間として、君に、伝えておきたいことがあるからだ。いま、東大生となった君に、伝えておきたいことがあるからだ。

これからの話は、少し厳しい話に聞こえるかもしれない。

しかし、それでも敢えて、この話をするのは、君に、良き人生を歩んでもらいたいからだ。素晴らしい人生を歩んでもらいたいからだ。

「エリート」という言葉の否定的な響き

いま、私は君に、「良き人生を歩んでもらいたい」と言った。

しかし、「良き人生」とは、現在の競争社会の中で、東大卒というブランドを活かして「勝ち組」になるという意味ではない。そんな意味では、決してない。

人生には、生涯をかけてめざすべき、もっと素晴らしいものがある。

そのことを、君に伝えたい。

その「良き人生」の意味については、この本の中で、語っていこう。

しかし、その意味を知るために、まず、君が深く理解しておかなければならないことがある。

それは、何か。

君は、これから、「エリート」としての道を歩む。

君は、好むと好まざるとにかかわらず、この国の「エリート」としての道を歩むことになる。

君は、好むと好まざるとにかかわらず、周りから「エリート」と呼ばれる人生を歩むことになる。

しかし、この「エリート」という言葉を聞いた瞬間に、君の心の中には、複雑な気持ちが生まれるだろう。

なぜなら、いま、世の中では、この「エリート」という言葉には、否定的なイメージがつきまとっているからだ。

例えば、「学歴を鼻にかけたエリート」という言葉。

例えば、「世間知らずのエリート」という言葉。

そして、残念ながら、こうした世の中のイメージは、全く的外れなものではない。

たしかに、いま、世の中を見渡すと、こうした寂しい言葉で形容される「エリート」と呼ばれる人物が、決して少なくないことも事実だ。

だからこそ、君には、覚悟を定めてもらいたい。

生涯をかけて、「真のエリート」としての道を歩む。

その覚悟を定めてもらいたい。

そして、君には、その道を歩むことを通じて、素晴らしい人生を送ってもらいたい。

しかし、こう述べると、君の心には、先ほどの「エリート」という言葉

の否定的なイメージが浮かび、

「自分は、エリートなどではない」

「自分は、エリートなどになりたくない」

という思いが浮かぶかもしれない。

だが、もう一度、述べておこう。

君は、それを、どれほど否定してみても、どれほど拒否してみても、周りから「エリート」と呼ばれる人生を歩むことになる。好むと好まざるとにかかわらず、その人生を歩むことになる。

だから、君が歩むべき道は、「エリート」を拒否する道ではない。

君が歩むべき道は、「真のエリート」としての道だ。


では、「真のエリート」とは何か。

「真のエリート」としての道

いま、多くの人々が、この「エリート」という言葉の意味を誤解している。「エリート」とは、「厳しい競争を勝ち抜いた優秀な人間」のことだと思っている。

そして、その誤解が、先ほど述べたような「学歴を鼻にかけたエリート」や「世間知らずのエリート」と呼ばれる人物を生み出し、「エリート」という言葉の否定的なイメージを生み出している。

しかし、「エリート」とは、「厳しい競争を勝ち抜いた優秀な人間」のことではない。そうした人間のことではない。「エリート」の真の条件とは、全く違ったものだ。

この後の第一話「真のエリートとは何か」においては、そのことを語ろう。しかし、その前に、語っておきたいことがある。

なぜ、私は君に、「真のエリート」としての道を歩んで欲しいと願うのか。

それは、君の生き方が、この国の未来を定めるからだ。

いま、世の中を見渡してもらいたい。

この国の現状に責任を持ち、この国の未来に影響を与える政界、官界、財界、学界などの「エリート」と呼ばれる人々を見て、君は、何を感じるだろうか。これらの人々の中に、どれほど、本当の志や使命感を持っていると感じる人物がいるだろうか。

たしかに、そうした「エリート」と呼ばれる人々の多くは、公の場では、しばしば志や使命感という言葉を口にする。しかし、残念ながら、多くの国民は、その言葉が「口先だけの言葉」であると感じている。それが表面を飾るための言葉であり、擬態であると感じている。

もちろん、いまの世の中においても、本当の志と使命感を持って道を歩んでいる先輩たちは、いる。尊敬できる先輩たちも、いる。

だから、君には、そうした先輩たちのように、本当の志と使命感を持って生きる「真のエリート」の道を歩んで欲しい。

なぜなら、君は、好むと好まざるとにかかわらず、この大学を卒業した後、社会の様々な分野で、指導的な立場に立っていくからだ。リーダーとしての立場に立っていくからだ。そして、多くの人々が、君に、そのことを期待し、君の姿を見ているからだ。

だから、先ほどの言葉を述べたのだ。

君の生き方が、この国の未来を定める。

これは、ある意味で、重い言葉だ。しかし、その重さから逃げることなく、この言葉を矜持として胸に刻み、これからの道を歩んでもらいたい。

「小さなエゴ」の誘惑

しかし、その道を歩むことは、決して楽なことではない。

いま、世の中は、寂しい価値観がはびこる「競争社会」。耳に入ってくるのは「生き残り」「勝ち残り」「サバイバル」という底の浅い言葉の大合唱。

そうした言葉の洪水の中で、誰もが、他人のことよりも自分のことを第一に考える「自己中心的な社会」が生まれてしまっている。

そうした社会において、「多くの人々の幸せのために」という志と使命感を抱き、信念を持って歩むことは、決して楽なことではない。

それは、生涯をかけての闘いでもある。

そして、その闘いとは、競争社会における他者との闘いではなく、何よりも、自己との闘い。

誰の心の中にもある「小さなエゴ」。

自分さえ良ければいいという「小さなエゴ」。

それは、私の心の中にもある。

君の心の中にもある。

競争社会は、常に、我々の、その「小さなエゴ」に働きかけてくる。

そして、その「小さなエゴ」の力は、強い。

油断をすれば、我々は、その「小さなエゴ」の囁《ささや》きに耳を傾けてしまう。

その「小さなエゴ」に流されてしまう。

そして、世の中で「エリート」と呼ばれる人間には、その「小さなエゴ」に働きかける誘惑は、極めて強い。ときに「金」、ときに「権力」、ときに「名声」という形で働きかけてくる誘惑だ。

だから、君には、その「小さなエゴ」に流されることなく、志と使命感を抱き、信念を持って、これからの道を歩んでもらいたい。

しかし、こう述べると、君の心には、一つの思いが浮かぶだろう。

「自分は、そんなに強い生き方ができるだろうか……」

その思いが浮かぶだろう。

たしかに、人間であるかぎり、「弱さ」がある。だから、「小さなエゴ」に流されそうになることは、ある。

私自身、自分の心の中の「弱さ」も見てきた。
自分の心の中の「小さなエゴ」の姿も見てきた。
しかし、長い人生を歩んできて、理解したことがある。

自分の心の中の「弱さ」を見つめ、
自分の心の中で蠢《うごめ》く「小さなエゴ」の姿を見つめることが、
実は、人間の「真の強さ」への道である。

そのことを理解した。

だから、君に伝えたい。
これからの人生において、君は、ときに、道を誤りそうになるかもしれない、流されそうになるかもしれない、志と使命感を失いそうになるかもしれない。
しかし、そのときは、静かに、心の中の「弱さ」を見つめて欲しい。
心の中の「小さなエゴ」の姿を見つめて欲しい。
すると、必ず、君の心の奥深くから「声」が聞こえてくるだろう。
君に語りかけてくる「声」が聞こえてくるだろう。
その「声」に耳を傾けてもらいたい。
その「声」が、必ず、君に、良き生き方を教えてくれるだろう。
どのように生きるべきかを教えてくれるだろう。

心の奥深くの「もう一人の自分」

では、その「声」は、誰の声なのか。
誰が語りかけてくる声なのか。

それは、君の心の奥深くにいる、「賢明なもう一人の自分」の声だ。

君は、まだ、気がついていないかもしれないが、君の中には、「賢明なもう一人の自分」が、いる。

その「もう一人の自分」は、君に、素晴らしい人生を送らせたいと願っている。

それゆえ、その「もう一人の自分」は、道を誤りそうになったとき、流されそうになったとき、志や使命感を失いそうになったとき、必ず、囁きかけ、教えてくれる。

いかに生きるべきか。
この一度かぎりの、かけがえのない人生を、
いかに生きるべきか。

そのことを教えてくれる。

だから、君には、心の奥深くにいる、その「賢明なもう一人の自分」の声に耳を傾けながら、「真のエリート」としての道を歩んでもらいたい。

そして、もし、君が、本当の志と使命感を抱き、「真のエリート」としての道を歩むならば、その君の姿を見ている多くの若い世代が、君と共に歩んでくれるだろう。

この本は、東大生となった君に向けて書かれたものだ。しかし、おそらく、全国の大学生や高校生も、この本を読んでくれるだろう。

そして、彼らもまた、君の姿を見て、励まされ、勇気づけられ、「真のエリート」としての道を歩んでくれるだろう。

その志と使命感を抱いた若い世代こそが、この国を変えていく。

必ず、この国を変えていく。

そのことを信じ、私は、この本を書いた。


では、「真のエリート」とは何か。

そのことから話を始めよう。

そして、君が、「真のエリート」として、この国を、この社会を変えていくために、これから東大で何を学ぶべきか、そして、いかなる力を身につけて実社会に出ていくべきか、そのことを語ろう。

少しだけ長く道を歩んできた、一人の先輩として、そのことを話そう。

その歩みの中で、見てきたこと、感じてきたこと、考えてきたことを、率直に話そう。

きっと、その話は、君の役に立つだろう。

なぜなら、この一人の先輩もまた、未熟な人間ながら、そして、数多くの挫折を経験しながら、いまもなお、この国を良き国に変えたいと願い、この社会を良き社会に変えたいと願い、歩みを続けているからだ。

第一話

真のエリートとは何か

喜びと祝福の時期を終えて

この春、難関の入試を突破し、晴れて東大生となった君。

君は、合格発表の日以来、目標の大学に入学できた喜びと、周囲からの祝福に包まれてきただろう。

誰もが入学することはできない東京大学。

毎年、三千余名しか通ることのできない狭き門。

その合格は、人並み以上の努力をした君が勝ち取ったもの。

それは、誇りに思って良いだろう。

そして、その喜びと祝福は、存分に味わって良いだろう。


しかし、改めて言うまでもなく、君のその喜びと祝福の時期は、いずれ、終わる。


そして、そのとき、君が、見つめなければならないものがある。

君が、深く考えなければならないことがある。

君が、これからの人生を拓いていくために、理解しておかなければならないことがある。

君が、素晴らしい人生を送るために、心に定めておかなければならないことがある。

この本では、君に、そのことを伝えたい。

その話を始めるために、私が大学に合格した時期に見た、ある光景について話しておこう。

合格後に見た人生の明暗

一九七〇年の春。私も、目標としていた東京大学に合格し、喜びと祝福の時期を送っていた。

あれは、入学した直後の四月のこと。

新入生として大学生活を始め、未来への希望を抱きながら過ごしていたある日、夕方、大学から自宅に戻るために、最寄りの駅から家への道を歩いていたときだった。その日は、夕方から天気が崩れ、駅に着いたときは、小雨が降り始めていた。

傘を持っていなかったため、私は、その雨の中、自宅に向け、急ぎ足で歩いていた。

そのとき、夕暮れの道を、向こうから、黒い人影が近づいてきた。

その人影をよく見ると、薄汚れた服を何枚にも重ねて着た老人だった。

浮浪者のような身なりのその老人は、重い足取りでリヤカーを引いていたが、ごみ箱から新聞や雑誌を拾い集めて売ることで生活の糧《かて》を得ているのか、その荷台には、それらの新聞や雑誌が、うずたかく積まれていた。

そして、そのリヤカーの片隅には、公園などで夜露をしのいで寝泊まりするためのビニールシートと布団が積まれていた。

その老人が、雨の中、傘もささず、黙々と重いリヤカーを引きながら、こちらに向かってきた。

そのとき、私は、何か見てはいけないものを見たような気がして、その老人の横を足早に通り過ぎ、自宅に向かった。

しかし、自宅に戻ったとき、心の中から、先ほどまでの希望に満ちた思いは消えていた。そして、心の奥深くから、何とも言えない一つの思いが湧き上がってきた。

道ですれ違った一人の若者と、一人の老人。

その若者は、目標の大学に合格し、これから素晴らしい人生が拓けると思い、希望に満ちて道を歩んでいる。

その老人は、長い人生の歩みの果てに、独り頼るものもなく、将来に希望もなく、日々の生活を支えるために、雨の中、重い荷物を引き、道を歩いている。

この二つの人生。

同じ人間としてこの地上に生を与えられ、誰もが幸せを望んで生きているにもかかわらず、与えられたこの境遇の違いは何なのか。

これが人生なのか。

そうであるならば、人生とは、何と不公平なものなのか。

自宅の部屋で、独り、先ほどの光景を振り返っていると、心の奥深くから、その思いが湧き上がってきた。

そして、一年前、高校三年になってからの様々な思いが、甦ってきた。

大学受験を前にした迷い

一九六九年二月、東京大学は、それまで一年余り続いた大学紛争の影響を受け、入試中止という事態を迎えていた。

この五〇年近く前の出来事は、いまや、多くのメディアの記録の中では、「医学部問題に端を発した東大紛争、紛争の長期化と過激化、過激派学生による全学バリケード封鎖、安田講堂占拠、大学の要請による機動隊導入、安田講堂攻防戦、封鎖解除、入試中止」というドラマ化された出来事となっているが、それは、決して、東大紛争と呼ばれるものの本質ではない。

東大紛争もしくは東大闘争と呼ばれるものが、その本質において、東大生と東大の教職員に問うたものは、「東大というエリート養成大学の在り方」であり、「東大を卒業した人間の生き方」であった。

そして、その問いは、東大だけでなく、日本中の多くの大学生の共感を呼び、全国の大学で、「大学の在り方」と「大学を卒業した人間の生き方」を問う、同様の大学紛争・大学闘争が起こった。

いや、それは大学だけではなかった。その同様の問いは、全国の高校生にも影響を与え、各地の高校で高校紛争・高校闘争と呼ばれるものが起こった。

そうした「嵐の季節」の中で、私は、高校三年を迎えた。

私の通っていた高校は、当時、クラスの三人に一人が東大に進学するという進学校であったが、この高校でも、こうした時代の空気を敏感に受け止め、同級生たちと話をすると、自然に、こうした問いが話題になり、真剣に議論された。

「我々は、なぜ、東大に行くのか」
「東大に行くということは、結局、自分個人の出世のためではないのか」
「その出世のために、この受験競争で誰かを蹴落とし、勝者となって生きていくのか」

いまの君が聞くと、耳を疑う議論かもしれない。
そして、ずいぶん青臭い議論だと思うかもしれない。
いまの社会、「生き残り」「勝ち残り」「サバイバル」という言葉で人々の競争を過度に煽り、人間を「勝ち組」と「負け組」に明瞭に分け、貧富の差が極端に拡大していく、この社会において、当時の高校生が心に抱いた、こうした問いは、あまりに純朴な問いと思われるかもしれない。

しかし、私と級友たちの多くは、この問いを、真剣に問うた。

そして、私は、その問いを問う中で、「やはり、自分の出世のために、競争で誰かを蹴落としてまで、東大に行くべきではないのでは……」という気持ちが、心に何度も浮かんだ。

けれども、入試が近づく日々の中で、心の奥深くの「もう一人の自分」が、こう語りかけてきた。

「東大に行くかどうかが問われているのではない。東大に行った後、どのような生き方をするかが問われている。自分個人の栄華を求めるのではなく、多くの人々の幸せを求める生き方をするべきではないか……」

あの日、雨の中、独りで重いリヤカーを引く老人の姿を見たとき、入試を前にした高校三年のときの、その思いが、心に甦ってきた。

そして、その老人の姿から、自分がいかなる生き方をしなければならないかを、改めて教えられた気がした。

「恵まれた人生」を与えられ、「エリート」と呼ばれる人生を歩む人間が、いかなる生き方をしなければならないかを、教えられた気がしたのだ。

「エリート」と呼ばれて歩む人生

しかし、この「エリート」という言葉を聞いて、君は、複雑な心境になるだろう。

この言葉の意味は、「選良」もしくは「選ばれた者」という意味だ。

それゆえ、この言葉を聞いて、君は、心中、密やかな優越感を抱くかもしれない。

しかし、この言葉を聞いて、君は、「あまり好きな言葉ではない」と感じるかもしれない。

もし、そう感じるとすれば、その理由は、ただ一つだろう。

そのことは、すでに序話で述べたが、もう一度、語っておこう。

世の中では、「あの人物は、エリート意識を持った嫌な人物だ」という言葉や、「世間知らずのエリートに何が分かるか」といった言葉が、しばしば語られるからだ。そして、これらの言葉に象徴されるように、現在の社会において、「エリート」という言葉には、否定的な意味合いが強く込められている。

そして、それは、決して、根拠無く生まれた世の中の誤解ではない。

世の中を見渡せば、残念ながら、東大卒という学歴を鼻にかけ、他の人々への優越感を持ち、学歴で自分より劣った人々を見下すような「エリート」と呼ばれる人物が、決して少なくないからだ。

また、「エリート中のエリート」と言われる東大法学部を優秀な成績で卒業し、弁護士や官僚、政治家という「エリートコース」を歩んだ人物が、その人間としての品格を疑われるような寂しい姿や、国民から負託された責任を忘れ、自己保身に汲々とする残念な姿も、マスコミで、しばしば報道される。

そうした報道の奥には、「東大卒のエリートといっても、人間的には、この程度の人物か」という世の中の厳しい眼差しがある。

そうした世の中の雰囲気の中で、おそらく君は、「エリート」と呼ばれることへの複雑な心境を抱きながら歩んでいくことになるだろう。

しかし、だからこそ、これから、君は、一つ、覚悟を定めなければならない。

君は、いずれにしても、これからの人生を、「エリート」と呼ばれて歩むことになる。

君は、好むと好まざるとにかかわらず、「エリート」と呼ばれて歩むことになる。

君が、どれほど謙虚に、「いや、私は、エリートなどではないです」と語っても、世の中は、そうは見ない。

そして、君にとって本当に大切なことは、「エリート」と呼ばれるか否かではない。「一人の人間」として、どう生きるかだ。

実は、世の中も、それを見ている。

東大卒の人間に対する「敬意と期待」という肯定的な眼差し、「懐疑と批判」という否定的な眼差し、その二つの入り混じった眼差しで、君を見ている。

もとより、「東大卒なのだから、それなりの人物だろう」という世の中の「敬意と期待」に応え、謙虚に、見事な人生を歩んでいる先輩たちは、決して少なくない。

しかし、残念ながら、「これで東大卒なのだろうか……」という世の中の「懐疑と批判」の眼差しを受けてしまう先輩たちも、決して少なくない。

そして、ひとたび、その世の中の眼差しが「敬意と期待」から「懐疑と批判」に転じたとき、東大卒の「エリート」であるがゆえに、その眼差しは、他の誰に対するものよりも厳しいものとなる。それまでの「敬意と期待」が大きければ大きいほど、その眼差しは、厳しいものとなる。

君は、そのことを覚悟して、これからの人生を歩まなければならない。実社会での道を歩まなければならない。

それもまた、君が、「エリート」と呼ばれることに抵抗を感じる理由かもしれない。

「エリート」という言葉の誤解

しかし、そもそも、この「エリート」という言葉は、決して、否定的な意味の言葉ではなかった。

では、いまの社会で、この言葉は、なぜ、そうした否定的な意味を持ってしまったのか。

それは、「エリート」と呼ばれる人々の多くが、「エリート」という言葉の本当の意味を理解していないからだ。

「エリート」と呼ばれる人々の多くは、「エリート」とは、「他の人々よりも優秀な人間」という意味であると思い込んでいる。

そのため、心の中に、意識的にも、無意識的にも、「自分は、他の人間よりも優秀だ」という優越感を抱いている。口に出して言わなくとも、その密やかな優越感を抱いている。

しかし、「エリート」という言葉の本当の意味は、そういう意味ではない。真の意味は、そういう意味ではない。

では、どのような意味か。

そのことを理解するためには、一つの真実を直視しなければならない。

君は、なぜ、東大に入ることができたのか。

その真実を、直視しなければならない。

なぜ、君は、東大に入れたのか

君は、なぜ、東大に入ることができたのか。

その問いに対して、君は、何と答えるだろうか。

それは、君が、優秀だったからだろうか。

それは、君が、努力したからだろうか。


決して、それだけではない。

君が東大に入ることができたのは、君が優秀だったからだけではない。

君が努力したからだけではない。

なぜなら、どれほど優秀な頭脳を持っていても、家庭の事情で大学進学ができない人がいるからだ。

どれほど努力家であっても、経済的な事情で大学進学ができない人がいるからだ。

その事実を見つめるだけで、君は、大切なことに気がつくだろう。

君は、子供を大学に進学させることができるほど経済的に裕福な家庭に生まれた。その幸運に恵まれたことを見つめるべきだろう。

もちろん、君の周りを見渡せば、おそらく、ほとんどの友人が大学に進学しているだろう。しかし、もっと広く世の中を見渡せば、経済的理由から大学に進学できない人は、数多くいる。

もしかして、君は、中学校・高校の六年間一貫教育の私立学校に通うことができたのかもしれない。しかし、世の中の家庭は、そうしたことを許容できるほど豊かな家庭ばかりではない。

私が東京大学に入学した一九七〇年、東大生の親の平均年収が日本一になった。慶應大学を抜いて、最も裕福な家庭の子女が通う大学になったとのことであった。その記事を読んだとき、複雑な心境になったことを覚えている。現在、その順位がどうなっているかは知らないが、いまも、東大生の親の平均年収は、高いランクにあるだろう。

命懸けで子供を育ててくれた母

私事を語らせてもらうならば、私が子供の頃、私の家は、とても貧しい境遇にあった。

それだけではない。母は、胸を患い病院に入っていた。その病院は、当時、不治の病であった結核の患者が入院するところであり、多くの患者が、治ることなく、人生を終えていった病院だった。

もし、あのまま、母がその病院で人生を終えていたならば、私は、決して、このような人生を歩むことはできなかった。おそらく、親戚の家に引き取られ、高校を卒業させてもらえれば有り難いという境遇の中、人生を歩むことになっただろう。

しかし、母は、医者が止めるのも聞かず、その病院を出て、文字通り、子供の教育に命を懸けてくれた。そして、両親は、言葉にならない苦労を重ね、経済的基盤を作り、私を大学に行かせてくれた。

しかし、そうした人生の歩みを振り返っても、やはり、私は、恵まれていた。大学に行くことができただけでなく、奨学金も得て、大学院まで行くことができたのだから。

世の中には、貧しい境遇の中、どれほど努力しても、その貧しさから脱することができず、子供を大学に行かせることができない家庭も、数多くある。

また、片親の家庭という境遇のため、生活を支えていくことに精一杯であり、子供を大学に行かせられない親も、数多くいる。

そのことを考えるならば、やはり、私は恵まれていた。

命懸けで私を育ててくれた母への感謝、懸命に働いて、私を大学に行かせてくれた両親への感謝は尽きないが、やはり、そうした両親の元に生まれた私は、恵まれていた。

「恵まれた人間」であることの自覚

いや、我々が恵まれているのは、ただ家庭や経済の境遇だけではない。世の中には、家庭や経済の境遇が大学進学を許しても、勉学を続けるのに困難な病気や障害があって、大学に進学できない人もいる。

そのことも、決して忘れてはならない。

もう一度、言おう。

たしかに、君が難関と呼ばれる試験を突破し、東大生になれたのは、君が優秀だったからでもある、努力したからでもある。

しかし、君が東大生になれたのは、決して、それだけが理由ではない。君の家庭環境が、経済環境が、大学進学を許すものであったからだ。

そして、君が重い病気や障害を持たなかったからだ。

そのことを、決して忘れないで欲しい。

その意味で、人生を最も深く見つめるならば、君は、やはり、「恵まれた人間」なのだ。「運」に恵まれた人間なのだ。

なぜなら、君は、親を選んで生まれてきたわけではないからだ。家庭を選んで生まれてきたわけではないからだ。そして、君は、その健康な体を選んで生まれてきたわけではないからだ。

そのことを理解するならば、「天の配剤」とでも呼ぶべき何かが、君をその両親の元に生まれさせ、その家庭に生まれさせ、その健康な体に生まれさせたことを忘れないで欲しい。

いや、さらに言えば、君のその頭脳の優秀さ。それも、親が優秀な頭脳を持っていたことの遺伝かもしれない。そうであるならば、やはり、その親の元に生まれてきたことも、天が与えたものではないか。

そして、君のその努力をする意志。君は、東大に入学するために、人並み以上の努力をしてきたと言うかもしれない。それは認めよう。しかし、努力を続けることができるということも、実は、一つの才能であり、天が与えたものかもしれない。

そう考えてみるならば、東京大学に合格し、入学することができた君は、頭脳に恵まれ、才能に恵まれたという意味でも、やはり、「恵まれた人間」ではないか。「運」に恵まれた人間ではないか。

そうであるならば、まず何よりも、君は、そのことに感謝をするべきではないだろうか。

その感謝の心を持って、人生を歩むべきではないだろうか。

その感謝に支えられた謙虚さを持って、道を歩むべきではないだろうか。

「真のエリート」の条件

私は、なぜ、このことを、これほど何度も述べるのか。

なぜなら、もし、君が、深い感謝を持たず、謙虚さを持たず、「自分が東大生になったのは、自分が優秀だったからだ、自分が努力したからだ」という思いだけで歩むならば、君は、その人生において、必ず、大きな壁に突き当たってしまうからだ。

その壁が何であるかは、後で詳しく述べよう。

しかし、残念ながら、その壁に突き当たってしまう東大卒の人は、実は、決して少なくない。そして、怖いことに、その壁に突き当たってしまう人は、自分が壁に突き当たっていることに気がつかないのだ。謙虚さを持たないがために、周りの人の心が離れていっても気がつかないのだ。

君には、その怖さも、知っておいて欲しい。

君は、「恵まれた人間」として、いま、東京大学に入学した。

それは、究極、大いなる何かが導いたものだ。天が導いたものだ。

そして、まさに、その意味において、君は、「選ばれた人間」に他ならない。言葉の本当の意味の「エリート」に他ならない。

しかし、もしそうであるならば、「エリート」と呼ばれる人間の真の条件は、何か。


自分に与えられたものの有り難さを知っていること。

自分に与えられたものへの感謝の心を抱いていること。

自分に与えられたものへの謙虚さを身につけていること。

自分が抱いた感謝の心を、その生き方で表していくこと。


それこそが、真の条件であろう。

では、その感謝の心を抱いたとき、君は、どのように生きるべきか。

そのことを教えてくれる、一つの言葉がある。

昔から、英国の貴族階級の間では、仏語の「ノブレス・オブリージュ」という言葉が語られてきた。

それは、「高貴な人間が持つ義務」という意味の言葉であるが、英国の貴族階級は、その子弟の教育において、「貴族という高貴な身分に生まれた人間は、いざ、戦争になったとき、庶民を守るために戦わなければならない」ということを教えた。

その結果、第一次世界大戦のとき、貴族の子弟の下士官の死傷率が高かったと言われるが、それは、英国の貴族階級が誇るべきエピソードであろう。

もとより、私は、貴族を頂点とする階級社会というものを肯定し、賛美するつもりはないが、この「ノブレス・オブリージュ」という考えの根底にあるのは、一つの明確な思想だ。

「恵まれた境遇に生まれた人間は、その境遇が与えられなかった人々のために生きなければならない」

その思想だ。

そして、それは、貴族階級などが無くなった現代社会においても、極めて大切な思想だろう。

競争社会で見失う「自分の人生」

いま、世の中を見渡してもらいたい。

いま、世の中に溢れるのは、「勝者の思想」。

この競争社会の中で、人間を「勝ち組」と「負け組」に分け、人を押し退《の》けてでも「勝ち組」になることが人生の成功であるとの思想が蔓延している。

そして、いま、世の中で飛び交うのは、「生き残り」「勝ち残り」「サバイバル」といった言葉。

人も、企業も、この競争社会において、生き残り、勝ち残り、「勝者」になることを至上の目的として生きていく、活動していく。

では、君に、聞きたい。

君もまた、「勝者」になることを人生の目的として、生きていくのだろうか。「勝ち組」になることを人生の成功と考え、生きていくのだろうか。

君は、たしかに、いま、受験競争で「勝ち組」となった。
では、君は、これからも、その「勝ち組」となり続けることをめざして生きていくのだろうか。
この競争社会において、生き残り、勝ち残り、「勝者」となることを目的として、君は、君のかけがえのない人生を捧げるのだろうか。
そうはして欲しくない。

人生には、もっと大切な目的があるはずだ。

これからの大学生活において、その目的を探し求め、見つけ出し、それを心に定め、君の人生を大切に生きて欲しい。

米国の初等教育において、子供たちに、必ず教える言葉がある。

Define your own success.

あなたにとっての「人生の成功」を定義しなさい。

この問いに対して、君は、どう答えるだろうか。

いま、世の中に溢れる、「勝者の思想」。
人生の成功とは、競争に勝って「勝ち組」になることという思想。

君には、いま社会に蔓延している、そうした思想に染まって欲しくない。
なぜなら、君には、これから、深い人生観を抱いた「真のエリート」としての道を歩んで欲しいからだ。

「真のエリート」として生きる

いま、東京大学に合格した君。東大生となった君。
君には、「真のエリート」として生きて欲しい。

では、「真のエリート」とは、何か。
そのことについては、すでに述べた。

「真のエリート」とは、「厳しい競争を勝ち抜いた人間」のことではない。
そのことによって「自分は誰よりも優秀だ」と思い込んでいる人間のことではない。

「真のエリート」とは、自分が「恵まれた人間」であることを知り、そのことに感謝し、その深い感謝を、世の中の多くの人々の幸せのために生きることによって、表して歩む人間のことだ。

そうであるならば、東大に入学できた君。
その「恵まれた人生」を与えられた君。
君には、誰よりも、その「真のエリート」になって欲しい。

もとより、君は、この本を、ここまで読み進み、その覚悟を定めてくれたかもしれない。その「真のエリート」への道を歩もうと思い定めてくれたかもしれない。

そうであるならば、迷うことなく、その道を歩んで欲しい。

しかし、その道を、堂々と歩み続けるために、さらに、君に知っておいて欲しいことがある。

君に知っておいて欲しい、一つの現実がある。

東京大学を卒業した多くの先輩たち。

それらの先輩たちの中には、世の中に貢献するという意味で、活躍した人もいるが、残念ながら、そうした活躍ができなかった人もいる。

何が、それらの先輩たちの人生を分けたのか。

そのことを話しておこう。

それは、私が、一九七〇年に東京大学に入学し、それから半世紀の人生を歩みながら、見てきた真実でもある。

第二話

東大を出て活躍する人、活躍しない人

なぜ、東大卒に「活躍する人材」が少なくなったのか

世の中には「東大神話」という言葉がある。
しかし、それは、文字通り「神話」であり、「真実」ではないことを意味している。
例えば、「東大を出れば、世の中で活躍できる」という神話。
この神話は、子供を東大に入学させようとする父母の間では、いまも根

強いようだが、残念ながら、これも真実ではない。

では、なぜ、こうした「神話＝誤解」が生まれてくるのか。

その一つの理由は、世の中で語られる二つの言葉が混同して使われるからだ。


一つは、「求められる人材」という言葉。

一つは、「活躍する人材」という言葉。


この二つの言葉は、しばしば同じ意味のように使われるが、実は、全く違った意味の言葉だ。

君は、この二つの言葉の違いを理解しておく必要がある。

まず、「求められる人材」とは、文字通り、人材市場において、ニーズがあり、職に就ける人材のことだ。

これに対して、「活躍する人材」とは、自分が働く会社や組織、職場や仕事において、リーダーシップが発揮できる人材のことだ。

そして、いまの世の中における現実を述べるならば、東大卒の人材は、「求められる人材」になることはできるが、「活躍する人材」になることは、全く保証されていない。

言葉を換えれば、東大卒の人材は、どこかの会社に就職することはできるが、その会社でリーダーシップを発揮できるとはかぎらない。

それが、冷厳な現実だ。

いや、世の中では、もっと厳しい現実を感じさせられる言葉を、しばしば耳にする。

例えば、「あの人は、あれで東大卒なんだけれどもね……」という言葉。

これは、「東大卒だから、もっと仕事ができると期待したのに、期待はずれだ」という意味に使われる言葉だ。最近、色々な職場で、この言葉を、よく耳にする。

いや、さらに、もっと厳しい言葉を耳にすることもある。

「あの人は、お勉強はできるが、世間知らずの東大卒なんだな……」

この言葉の意味は、説明するまでもないだろう。

では、せっかく「最高学府」と言われる大学を卒業し、「頭脳優秀」と言われる東大卒の人材が、あまり実社会で活躍できないという現実が、なぜ生まれてしまうのか。

東大卒の人材が抱く錯覚

それは、その東大卒の人材が、大切なことを理解していないからだ。

第一話で、「自分が東大生になったのは、自分が優秀だったからだ、自分が努力したからだ、という思いだけで歩むならば、君は、その人生において、必ず、大きな壁に突き当たってしまう」と述べた。

壁に突き当たってしまう一つの理由は、その東大卒の人材が、「自分は優秀だ」という無意識の傲慢さを周囲に感じさせるため、周りの人間の心が離れていってしまうからだ。そのことは、すでに述べた。

もう一つの理由は、その東大卒の人材が、「自分は優秀だ」と思っているが、実は、実社会の基準からすれば「優秀ではない」からだ。

なぜ、そうした奇妙なことが起こってしまうのか。

それは、その人材が、実社会における「優秀さ」とは何かを、理解していないからだ。そのため、実社会に出てから、どのような能力を身につけるために努力すべきかを、間違ってしまうからだ。

もう少し分かりやすく述べよう。

世の中では、東大生や東大卒の人間は、よく「頭が良い」と言われる。

そのため、自分は「頭が良い」と思い込み、そのまま、「自分は優秀だ」と思い込んでしまう。

しかし、実は、東大生や東大卒の人間の「頭の良さ」とは、偏差値教育の基準における「頭の良さ」にすぎない。

そして、偏差値が高いという意味での「頭の良さ」とは、端的に言えば、「論理思考力」と「知識修得力」に優れているということだ。すなわち、論理思考力に優れていれば、入試において物理や数学は高い点が取れる。また、知識修得力に優れていれば、日本史や世界史、生物や化学、英語で高い点が取れる。そのため、論理思考力と知識修得力が優れていれば、偏差値が高くなり、東大に入れるというのが、現在の入試の仕組みだ。

現在、全国の大学入試改革において、ＡＯ入試や推薦入試を始め、論理思考力と知識修得力以外の能力も評価するための努力はなされているが、残念ながら、東大入試の基本的な仕組みは、大きく変わってはいない。

もちろん、この論理思考力と知識修得力において優れているということは、決して悪いことではない。

しかし、それは、実は、人間としての「優秀さ」の初歩的な段階にすぎない。人間の持つ「優れた能力」の基本的な段階にすぎない。

だから、もし、君が、実社会で活躍したいと思うならば、まず、人間としての「優秀さ」には、さらに高い段階があることを理解しなければならない。そして、これからの大学生活において、さらに、実社会に出てからも、次に述べる「五つの能力」を、総合的に身につけ、磨いていかなければならない。

活躍する人材が持つ「五つの能力」

第一は、「基礎的能力」と呼ぶべきものだ。

これは、知的作業に取り組むときの「集中力」や「持続力」であり、その作業に、どれほど没頭できるか、どれほど継続できるかの能力だ。いわゆる「知的スタミナ」と呼ばれる能力でもある。

第二は、「学歴的能力」と呼ぶべきものだ。

これは、先ほど述べた「論理思考力」や「知識修得力」であり、現在の我が国の教育制度では、この能力の高い人間が、偏差値の高い大学を卒業し、「高学歴」と評価される。いわゆる「勉強ができる」と評される能力だ。

第三は、「職業的能力」と呼ぶべきものだ。

これは、実社会において「仕事ができる」と評されるようになるために、必ず求められる能力であり、例えば、交渉力、営業力、会議力、企画力といったものは、すべて、この能力だ。この能力の基本は、スキルやセンス、テクニックやノウハウと呼ばれる力だが、そこに「直観判断力」や「知的創造力」が加わったとき、「プロフェッショナル力」と呼ぶべき高度な力になる。この「直観判断力」や「知的創造力」は、「学歴的能力」である「論理思考力」や「知識修得力」とは全く違った能力だ。

第四は、「対人的能力」と呼ぶべきものだ。

これは、相手の考えを理解し、相手の気持ちを感じ取る「傾聴力」や、相手に自分の考えを理解してもらい、自分の気持ちを伝える「伝達力」であり、総じて「コミュニケーション力」と呼ばれる能力だ。しかし、この力の最も高度な部分は、言葉の使い方といった「言語的能力」ではない。実は、「コミュニケーション力」の八割は、言葉ではなく、眼差しや目つき、表情や面構え、仕草や身振り、姿勢やポーズ、雰囲気や空気といったものを通じてメッセージの交換を行う「非言語的能力」だ。

第五は、「組織的能力」と呼ぶべきものだ。

これは、一つの組織やチームの中で、リーダーシップが発揮できる能力であり、その組織やチームを適切にマネジメントできる能力のことだ。そして、この「リーダーシップ力」や「マネジメント力」の中核になるのは、多くの人々が、共に働き、共に歩もうと思ってくれる「人間的魅力」や「人間力」と呼ばれるものだ。

実社会における「優秀さ」とは

このように、もし、君が、実社会で活躍したいと思うならば、これからの大学時代に、そして、実社会に出てから、この「五つの能力」を身につけていかなければならない。この「五つの優秀さ」をこそ、身につけていかなければならない。

しかし、そのために、まず最初に、君が理解しなければならないことがある。それは、東大生や東大卒の「優秀さ」とは、第一と第二の能力が優れているにすぎないということだ。そして、人間としての「優秀さ」には、さらに高い段階があるということだ。

たしかに、東大生や東大卒の人材は、第一の「基礎的能力」と第二の「学歴的能力」において、高い水準の優れた力を持っていることは保証されている。

君は、東京大学に合格するための厳しい試験勉強ができるほど、知的作業における集中力と持続力が優れていることはたしかだ。そして、難しい入学試験に合格できるほど、論理思考力と知識修得力が優れていることもたしかだ。

しかし、東大生となった君が、いま身につけているその能力、周りから認められている「優秀さ」とは、いずれ、第一の「基礎的能力」と第二の「学歴的能力」の「優秀さ」にすぎない。

もし、君が、大学を卒業し、実社会に出て活躍したいと思うのならば、その二つの能力だけでなく、第三、第四、第五の能力を身につけていかなければならない。「職業的能力」「対人的能力」「組織的能力」において「優秀」と言われる人間になっていかなければならない。

「勉強以外の経験」が大きな差になる

敢えて、もう一度述べておこう。世の中は、君が、集中力や持続力、そして、論理思考力や知識修得力という能力が高いことをもって、「頭が良い」「優秀だ」と評してくれるが、そのことが、人間としての「真の賢さ」や「全人的な優秀さ」を意味しているわけではない。

そのことを、肝に銘じておいて欲しい。

むしろ、君が身につけた、この「基礎的能力」や「学歴的能力」に意味があるとすれば、それだけ「職業的能力」や「対人的能力」「組織的能力」を身につけていくために、これからの人生の時間を割けるということなのだが、実際に、東大卒の人材を見ていると、「学歴的能力」こそが自分の優秀さの証であると思い込み、より高いレベルの「職業的能力」「対人的能力」「組織的能力」を身につけるための努力を怠る人が少なくない。

では、なぜ、そうしたことが起こるのか。

それは、過熱する受験競争の中で、中学校、高校の時代に、受験勉強に多くの時間を使ってしまうため、クラブ活動やサークル活動、スポーツ活動などを通じて「職業的能力」「対人的能力」「組織的能力」の基礎を身につけないまま、大学に進学してしまうからだ。

そのため、東大生や東大卒の人材の中には、これらの能力について、心の深くに密かな「劣等感」を抱いている人が、決して少なくない。

そして、その「劣等感」の裏返しとして、自分の強みであり、拠り所である「学歴的能力」にしがみついてしまうのだ。

実社会に出てもなお、「自分は、試験に強かった、いつも成績が一番だった」といったことを語る東大卒の人を見ていると、例外なく、と言って良いほど、その心の奥深くに、「自分は対人関係が苦手だ」「自分にはリーダーシップがない」といった、密やかな劣等感を抱いている。

一方、世の中を見渡せば、東大を卒業した君の先輩たちの中で、見事な活躍をしている人も、決して少なくない。

しかし、それは、彼らが東大を卒業したからではない。

彼らが、学歴に驕ることなく、大学時代に、もしくは、実社会に出てから、この「職業的能力」「対人的能力」「組織的能力」を身につけ、それを磨いてきたからだ。

従って、君が、東大を卒業して実社会で活躍するためには、この三つの能力を身につけ、それを磨いていかなければならない。

この三つの能力の磨き方については、第四話以降で詳しく述べよう。

しかし、その前に、その磨き方の要点を一言で述べるならば、大学時代に、色々な「経験」を積むことと、それを「体験」にまで深めることだ。

なぜなら、「職業的能力」「対人的能力」「組織的能力」は、いずれも、「経験」を通じてしか身につけられないものであり、「書物」では、決して身につけることのできない能力だからだ。

「人間関係」という生涯のテーマ

実際、私自身のささやかな人生の歩みを振り返っても、実社会に出て本当に役に立ったのは、大学時代に講義や本を通じて学んだ知識ではなく、高校時代や大学時代のスポーツ部における、チームの中でのコミュニケーションの経験であり、高校のクラス活動や大学の自治会活動における、リーダーとしての経験だった。

また、私が通った高校は進学校ではあったが、当時は、「大学受験の勉強は、高校三年の夏休みから」という雰囲気の中で、それまでは、長野県の林間寮で自然を楽しんだり、思う存分、友人たちと遊んだことが、人間関係に処する智恵を身につけるという意味で、大きな財産になっている。

そのことを話すと懐かしく思い出されるのが、医学部の研究生として学んだ時代に、指導教官のY教授から教わった人生訓である。

このY教授は、難しい専門のテーマを、分かりやすく、そして面白く学生に話す名講義で有名であったが、その講義の途中、専門の話を中断して、ときおり、にこやかに笑いながら、学生たちにこう語った。

「君たち、こんな専門知識をいくら詰め込んでも、実社会では役に立たないぞ。実社会に出たら、人間関係がすべてだぞ。そのことを忘れないように」

その話を聞きながら、まだ実社会の経験が無かった私は、正直なところ、心の中で、こう思っていた。

「先生、そうは言っても、やはり、専門的な知識をしっかり身につけないと、実社会で役に立たないのではないですか。人間関係など、社会に出れば、何とでもなると思います。だから、早く本題に戻って、講義の続きをお願いします」

しかし、それから何年か後に、大学院を終えて実社会に出たとき、このY教授が語った言葉の重さを痛感した。

いま振り返れば、学生時代の私の未熟な姿だが、しかし、このY教授の言葉が、実社会に出て人間関係に処する智恵を身につけていくとき、心の深くで、大きな支えになったことも事実だ。

実際、実社会に出て痛感したことは、会議で、どれほど立派な専門知識を語っても、それだけでは、仕事は上手く進まないということだ。

仕事を進めるためには、何よりも、会議の参加者に共感してもらうこと、一緒にやろうと思ってもらえることが不可欠であり、そのことを痛感する日々であった。

私自身、そんな苦労をしてきたからこそ、君には、早く気がついておいて欲しい。

いまの君の「優秀さ」、すなわち「学歴的能力」の優秀さだけでは、実社会での活躍は、決して約束されていない。「職業的能力」を身につけただけでもまだ不十分だ。

君が、実社会で活躍するためには、何よりも、難しい人間関係に処する「対人的能力」を身につけていかなければならない。そして、さらにそれを超え、一つの組織やチームの中で仲間が共に歩もうと思ってくれる「組織的能力」を身につけていかなければならない。その能力に支えられたリーダーシップの力を身につけていかなければならない。

君には、そのことに、早く気がついておいて欲しい。

しかし、残念ながら、せっかく東京大学を卒業しながら、在学中に、そのことに気がつかず、この「対人的能力」や「組織的能力」の基礎を身につけなかったために、実社会に出て、期待されたような活躍ができない先輩たちも少なくない。それも、冷厳な事実だ。

人事部が東大卒を採用する「本当の理由」

しかし、私がこう述べると、君は、こう思うかもしれない。

「しかし、東大卒の先輩たちを見ていると、みな、立派な官庁や企業に就職していますが……」

たしかに、その通り。そうは言っても、東京大学を卒業した先輩たちの多くは、中央官庁や有名な大企業に就職している。それは事実だ。

しかし、君は、新卒採用や中途採用のとき、企業が東大卒を採用する「本当の理由」を知っているだろうか。

私は、ある銀行系シンクタンクに在籍していたとき、部長として、人材採用の仕事に携わり、数百名の人材の審査・面接を行い、人事部長と共に採用の可否を決めてきた。そのとき、この人事部長が語った言葉を、印象深く覚えている。

それは、ある東大卒の人材を採用するかどうかの判断に迷ったときのことだ。最後に、その人事部長が、こう言った。

「いいじゃないか……。まあ、地頭は良いんだから、とりあえず採用しておけば……」

これは、何を言っているのか。

東大卒だからといって、「職業的能力」「対人的能力」「組織的能力」が高いということは何も保証していない。従って、当社で活躍する人材になるかどうかは、現場で使ってみなければ分からないが、「学歴的能力」はある（地頭は良い）のだから、言われた仕事はしっかりやるだろう。知的創造力やリーダーシップなど、期待した能力が無ければ、そうした能力を持つ人材の下で、部下として働かせればいいだろう。会社で幹部になっていく人材ではないとしても、優秀な兵隊として使えばいいだろう。

分かりやすく翻訳すれば、この人事部長は、そう言っているのだ。

そして、こうした考え方をするのは、この部長だけではない。

いま、世の中の大企業の多くの人事部長が、同様の考え方をしている。すなわち、人材採用において、採用したすべての人材が、将来、幹部になっていくことを期待しているわけではない。その必要はない。しかし、その幹部やリーダーの下でしっかりと働く「兵隊」は必要だ。優れた知的創造力やリーダーシップを発揮する人材ではなくとも、言われたことを正確に早く実行できる、「地頭」の良い兵隊は必要だ。その点、東大卒は、期待はずれでも、「地頭の良い兵隊」としては使えるのだから、とりあえず、採用しておこう。

実は、大企業の人事部が、東大卒を採用する本当の理由は、こうした考え方からだ。

会社を軍隊に譬《たと》えることは、好きな比喩ではないが、君は、この「地頭」という言葉と「兵隊」という言葉の怖さを知っておくべきだろう。

いまや、「東大卒だから知的創造力があるだろう」「東大卒だからリーダーシップがあるだろう」などと期待している人事部は存在しない。そして、東大卒だから出世が約束されている会社など存在しない。

君は、その現実を、知っておくべきだろう。

高校時代の「頭の良さ」は何も保証しない

実際、その現実の厳しさを教えられるのが、高校の同窓会などだ。

先ほど、私の通った高校は、三人に一人が東京大学に行く進学校であったと述べたが、それから数十年の歳月が流れ、互いに還暦を迎え、人生の第一ラウンドを終えて顔を合わせると、厳しい現実を見せつけられる。

高校時代、羨ましいほど勉強ができて、何の苦も無く東大に進学した彼が、あの頭の良かった彼が……、という現実がある。一方で、高校時代、それほど勉強はできなかったけれども、どこか人間的に魅力があった彼が、この見事な活躍か……、という逆の現実もある。

結局、高校時代の「頭の良さ」は、将来の活躍を何も保証していないことに気がつく。

君には、その厳しい現実を知っておいて欲しい。

しかし、それでも、先ほど紹介した人事部長の言葉、

「いいじゃないか……。まあ、地頭は良いんだから、とりあえず採用しておけば……」

という言葉は、東大生と東大卒の人間にとっては、救いの言葉であった。

なぜなら、その企業で、その官庁で出世はできないとしても、東大卒という「地頭の良さ」（学歴的能力）の証明書さえ手にしていれば、とりあ

えず、企業や官庁は採用してくれるし、社会で食いはぐれることはなかったからだ。
しかし、これからの時代は、残念ながら、その救いも無い。
それは、なぜか。
次に、そのことを語ろう。

第三話

東大卒の半分が失業する時代が来る

「人工知能革命」という荒波

「いいじゃないか……。まあ、地頭は良いんだから、とりあえず採用しておけば……」

なぜ、その人事部長の言葉が、東大生と東大卒の人間にとって、救いの言葉であったのか。

なぜなら、これから、たとえ東大卒であっても、時代の変化を読めないと、その半分が失業する可能性があるからだ。

それは、なぜか。

「人工知能革命」の荒波が到来するからだ。

すなわち、これから「人工知能」（Artificial Intelligence：ＡＩ）の技術が急速に進歩し、世の中に普及し、社会の在り方、企業の在り方、仕事の在り方を劇的に変えてしまうからだ。そして、その結果、人材に求められるものを根本から変えてしまうからだ。

いや、その変化は、すでに起こっている。

例えば、二〇一六年、私は、ある団体から講演の依頼を受けた。毎年、様々な方面から数多くの講演依頼を受ける立場ではあるが、この講演依頼は、驚きを覚えると同時に、感銘を受けた講演依頼でもあった。

税理士会からの講演依頼の衝撃

それは、東京の税理士会からの講演依頼であったが、依頼者から、どのような講演テーマを希望されるかを聞いて、驚いた。

講演会を主催する依頼者は、真顔で、こう言ったのだ。

「これからやってくる人工知能革命によって、我々の業界の仕事は、一〇年以内に、半分が不要になると思っています。そのときに備え、いま、我々税理士が、どのような能力を身につけておかなければならないか、教えて頂きたい」

驚いた理由は、私に対する講演依頼は、未来予測、情報革命、知識社会、企業経営、働き方、生き方など、様々なテーマでの依頼があるが、これほど切実な危機意識で講演を依頼してくる例は、決して多くないからである。

そして、感銘を受けた理由は、この東京の税理士会が、人工知能革命の脅威をいち早く予見し、その具体的な対応策を考えていることであった。

いま、世の中では、様々な変化が急激に起こり、その変化の結果、短期間に、一つの産業や市場、業界や事業、さらには職種や仕事が消滅することなど日常茶飯になっている時代であるが、こうした変化の中で、淘汰される企業や人材は、そもそも、その変化を脅威と感じておらず、持つべき危機感を持たない企業や人材だからである。

その意味で、いち早く、強い危機感を持って講演依頼をしてきた、その税理士会の姿勢には、感銘を覚えた。

たしかに、その通り。これから一〇年以内に、税理士や会計士の仕事の半分は、人工知能に置き換わっていくだろう。

いや、それは、税理士や会計士の業界だけではない。

弁護士や司法書士を含め、いわゆる「士職業《サムライ》」の半分は、不要になっていくだろう。

なぜなら、「士職業」の仕事の大半は、知識修得力による「専門的知識」と「論理思考力」によって行えるものだからだ。

そして、次に詳しく述べるが、「論理思考力」と「専門的知識」を活用する能力は、人間よりも人工知能の方が、圧倒的に高いからだ。

そして、この「士職業の危機」は、そのまま、「東大卒の危機」を意味している。

もし、東大卒の人材が、「論理思考力」と「知識修得力」という「学歴的能力」だけに頼って仕事をしていると、その仕事も、必ず、人工知能に置き換わっていくからだ。

そのことは、後ほど、詳しく述べよう。

人間が絶対にかなわない人工知能の能力

では、人間の能力に対する「人工知能の強み」とは、いったい何か。
ここでは、「四つの強み」を述べておこう。

第一が、「圧倒的な集中力と持続力」だ。

これは、改めて説明する必要はないだろう。コンピュータは、どれほど膨大な情報でも、どれほど時間がかかっても、全く疲れを知らず、処理することができる。
その意味で、人工知能との比較になった瞬間に、人間の持つ集中力や持続力という「基礎的能力」は、勝負にならない。

第二が、「超高速の論理思考力」。

この点での人工知能の凄みを思い知らされたのは、一九九七年に行われた、チェスの世界王者ガルリ・カスパロフと人工知能ディィープ・ブルーの対局だろう。

よく知られているように、このチェス対局では、初めて人工知能が世界最高の頭脳を持つ人間に勝利したのだが、チェスの盤面を前に、何手も先を読む「論理思考力」という点では、人間はコンピュータにかなわない事実を、改めて突き付けられた出来事であった。

しかし、この頃は、まだ、「チェスは、比較的ゲームが単純だからコンピュータでも勝てたのであって、ゲームがもっと複雑な将棋や囲碁での勝利は難しいだろう」と思われていた。

しかし、現実には、それから二〇年を経ずして、すでに、人工知能は、将棋においても、囲碁においても、人間の最高の頭脳に勝利している。

こうした事例に象徴されるように、もはや、人間の「論理思考力」は、人工知能には全くかなわない段階に入っている。

そして、何よりも脅威と感じるべきは、こうしたことが、ただチェスや将棋、囲碁といった世界だけでなく、日常のビジネスの世界でも、次々と起こっていることだ。

例えば、すでに二〇一五年の段階で、欧米の先進的な法律事務所では、人工知能が、何百枚もの契約書の膨大な条項の中から、見直すべき箇所を見つけている。これは、従来、若手弁護士たちの仕事だったものだ。

いま、書店に行けば、「ロジカル・シンキング」の本が数多く積まれており、「論理思考力」を鍛えることがプロフェッショナルになるために重要だと考える人が多い。たしかに、仕事をするために、基本的な「論理思考」ができることは不可欠だが、ただ「論理思考」に強いだけでは、その人材は、いずれ、人工知能に置き換わってしまうだろう。

かつて、私が子供の頃は、算盤ができて、計算が速い、正確だということだけで、「仕事ができる」と評価された。

しかし、それから情報革命が進み、パソコンが普及し、計算ソフトが手軽に使えるようになってからは、「算盤ができる」「計算が正確だ」ということは、「仕事ができる」ということを全く意味しないものになった。

同様に、人工知能の普及によって、もはや「論理思考」に強いというだけでは、「仕事ができる」と言われない時代を迎えているのだ。

では、その時代に、君は、どのような能力を身につけ、磨いていくべきか。そのことは、第四話から第六話において詳しく話そう。

まず、ここで君に理解しておいて欲しいことは、君が身につけた「学歴的能力」の一つの柱である「論理思考力」は、人工知能によって置き換わっていく時代を迎えているということだ。

「知識」が価値を失う時代

さて、人工知能の強みの第三は、「膨大な記憶力と検索力」だ。

もともとコンピュータは、「データベース」や「ナレッジベース」という言葉があるように、膨大なデータ（情報）やナレッジ（知識）を記憶しておき、それを瞬時に取り出すという点では、人間がかなわない圧倒的な能力を持っている。そして、インターネット革命の結果、「ワールドワイドウェブ」と呼ばれるように、ウェブの世界そのものが、世界中の情報や知識を記録している「巨大なアーカイブ（保管庫）」であり、現在の超高速の検索技術を使えば、瞬時に、世界中に存在する情報や知識から必要なものを取り出してくることができるようになった。

では、その結果、何が起こったか。

「知識」が価値を失うようになった。

こう述べると、君は驚くかもしれないが、それが現実だ。

例えば、私が若い頃は、「物知り」や「博識」「博覧強記」という言葉が、誉め言葉であった。

日頃の読書や勉強で、様々な知識を記憶しておき、会議の席などで、その知識を披歴すると、周りから「あの人は、物知りだ」「あの人は、博識だ」という評価を得ることができた。

しかし、いまや、誰もがスマホを持つ時代になったため、会議の席で、何かの専門知識が求められるようになると、即座に、若手社員が手元のスマホで検索をして、「ああ、それについては、ウェブでこう書かれています」などと言うようになった。

すなわち、いまでは、スマホやパソコンで、誰でも世界中の知識を瞬時に検索できるようになったため、ただ色々な専門知識を憶えているだけでは、誉められることはなくなった。その結果、いまや、「物知り」「博識」「博覧強記」という誉め言葉は死語になってしまった。

また、営業の世界などでも、一昔前は、優れた先輩社員は、商品に関する膨大な専門知識を記憶しており、顧客に質問されると、その記憶を探りながら、当意即妙に答えていた。

しかし、タブレットなどの情報端末が普及したことによって、新人でも、顧客に対する商品知識の説明は、それなりに上手くできるようになった。

このように、情報革命が進むことによって生まれてくる「知識社会」は、実は、「知識が重要になる社会」ではなく、「知識が価値を失う社会」に他ならない。そのため、君は、「専門知識を憶えている」ということが大きな人材価値にならない時代に、実社会に出ていくことになる。

そして、こうした大きな流れの中で、人工知能は、さらに高度な能力を発揮するようになる。

それは、「曖昧検索」「類推検索」「関連検索」とでも呼ぶべき能力だ。

我々が、明確なキーワードで検索を指定しなくとも、我々が人工知能と交わす対話の中の曖昧な言葉から、人工知能は、我々が必要としている知識を類推し、関連する知識を検索してくれるようになる。

分かりやすく言えば、「勘の良い秘書」のような能力を発揮するようになる。

従って、これからの時代には、君が身につけた「学歴的能力」のもう一つの柱である「知識修得力」という能力、そして、それに基づく「専門的知識」という能力も、極めて高度なレベルで人工知能によって置き換わっていく。

ここまで述べただけで、君は、これまで自分が身につけてきた「集中力」と「持続力」、さらには、「論理思考力」と「知識修得力」の大半が、人工知能に置き換わってしまうことを理解し、強い危機感を覚えるだろう。

しかし、実は、この話は、まだ序幕にすぎない。

この人工知能の能力は、さらに、人間が持つ極めて高度な能力をも凌駕しつつあるからだ。

人間の「勘」まで代替する人工知能

それが、人工知能の第四の強み、「分析力」と「直観力」だ。

私は、一九八七年に、米国に本拠を置く世界最大の技術系シンクタンク、「バテル記念研究所」に客員研究員として着任したが、当時は、人工知能技術の第二次ブームだった。そのため、私も、人工知能を活用した技術開発プロジェクトに参画していたが、当時の人工知能は、「推論エンジン」という技術のレベルであり、まだ、人間の能力には遥かに及ばないレベルであった。「論理思考力」についても、まだ、人間にはかなわない部分が多々あり、「直観判断力」については、全く人間にかなわない状況だった。

しかし、それから三〇年余りの歳月を経て、急速に進歩した人工知能技術は、いまでは、「論理思考力」はもとより、人間の「直観判断力」の基本的な部分をも凌駕しつつある。

その背景には、「ディープ・ラーニング」と呼ばれる「深層学習」の技術の実用化があるが、この技術と「ビッグ・データ」と呼ばれる大量のデータの処理技術を組み合わせることによって、現在の人工知能は、人間の「直観判断力」に相当する能力を発揮できるようになっている。

例えば、すでに、米国では、ある地域での過去の犯罪データの分析と学習によって、人工知能が、その日のその時刻に犯罪が起きそうな場所を予測し、その予測に基づき、警官がパトロールをすることによって、犯罪防止率を上げている。

また、日本でも、ある地域の過去の道路交通情報と顧客動向を分析・学習することによって、人工知能が、その日、その時刻に、タクシーが、どの道を流すと、乗客を得る確率が高いかを運転手にアドバイスし、やはり、成果を挙げている。

この二つの例は、過去において、永年の経験に基づいてベテランの警察官やタクシー運転手が発揮していた「勘」と呼ばれる「直観判断力」を、人工知能が、ビッグ・データとディープ・ラーニング技術によって発揮できるようになったことを示している。

このように、人工知能がチェスや将棋、囲碁の世界で人間の能力を凌駕したことは、これから始まる人工知能革命の序幕にすぎない。

永年の経験を積み重ねることによって人間が身につけてきた「直観」という能力さえも、人工知能が代替していく時代が、これから本格的に幕を開ける。

これからは、企業における人事評価や商品開発、官庁における政策立案や予算配分なども含め、人間だけにできる高度な仕事と思われてきた様々な仕事も、人工知能が人間に代わって行うようになっていく。

そのとき、我々人間は、どのような能力を身につけ、磨いていかなければならないのか。

いま、すべての働く人々に、そのことが問われている。

「知的職業」の半分が淘汰される

さて、君は、もう十分に理解しただろう。

何度も述べてきたように、東大生と東大卒の人材が持つ優れた能力とは、端的に言えば、「集中力」と「持続力」、そして、「論理思考力」と「知識修得力」、言葉を換えれば、「基礎的能力」と「学歴的能力」だ。

もとより、第二話で述べたように、この二つの能力だけでは、実社会において「求められる人材」にはなれても「活躍する人材」にはなれない。

しかし、これからの時代、この二つの能力は急速に人工知能が代替するようになっていく。そして、ひとたび人工知能との競争になった瞬間に、この二つの能力では、人間は絶対にかなわない。そのため、「地頭が良い」「勉強ができる」という「学歴的能力」だけでは、「求められる人材」になることさえ難しくなるのだ。

この第三話の冒頭で、東京の税理士会のエピソードを例に挙げ、これから、人工知能革命によって「士職業」の半分は不要になるという話をした。

その理由は、現在の「士職業」の多くが、「専門的知識」と「論理思考力」だけで仕事をしているからだ。そのため、専門的知識の活用と論理思考力の発揮において圧倒的な強みを持つ人工知能が普及してきたとき、これらの職業の半分が淘汰されることは、決して大袈裟な話ではない。

そして、人工知能の普及によって淘汰されるのは、「士職業」だけではない。大企業内の職種であっても、官庁内の職種であっても、専門的知識と論理思考力だけで仕事をしている多くの「知的職業」が、人工知能に置き換わっていき、淘汰されていくだろう。

では、この人工知能革命によっても淘汰されない「士職業」とは何か。「知的職業」とは何か。そして、人材とは何か。

それは、「専門的知識」と「論理思考力」以外の能力、すなわち、優れた「職業的能力」や「対人的能力」「組織的能力」を発揮できる人材だ。

例えば、高度なプロフェッショナル・スキルによる創意工夫あるサービスを提供できる人材、顧客の心に触れる細やかなサービスを提供できる人材、そうした優れた人材をマネジメントできる人材だ。

だから、これからの時代、「学歴的能力」だけで仕事をしている人材は、たとえ東大卒であろうとも不要になっていく。「高学歴」というブランドに安住し、「自分は優秀だ」という幻想を抱き続け、これからの社会が求める「職業的能力」「対人的能力」「組織的能力」を身につけ、磨いていかない人材は、たとえ東大卒であろうとも、確実に淘汰されていくだろう。

人工知能革命は「学歴社会」を崩壊させる

しかし、残念ながら、現在の中学校、高校、大学の教育は、これからの時代の荒波を越えていく教育を行っていない。旧態依然たる「偏差値教育」を続けているかぎり、これからの時代の荒波を越えていく人材は生まれてこない。

それゆえ、これから本格化する人工知能革命によって、我が国の「偏差値教育」に基づいた学歴社会は崩壊していく。そして、これから、社会全体が、大きな変革の中に投げ込まれていく。

これは、しばしば語られることだが、オックスフォード大学のマイケル・オズボーン准教授は、二〇一三年に、米国の七〇二の職種を分析した結果、「今後一〇〜二〇年の間に、米国の総雇用者の四七％の仕事が機械に取って代わられる」という衝撃的な予測をしている。

また、ニューヨーク市立大学のキャシー・デビッドソン教授は、「二〇一一年に米国の小学校に入学した子供たちの六五％は、大学卒業時に、いまは存在していない職業に就くだろう」と予測している。

しかし、こうした統計的な予測をも遥かに超え、現実の社会では、劇的な変化が起こるだろう。

では、その時代を前に、君は、どうするか。

一つ、覚悟を定めるべきことがある。

「大学に期待しない」

その覚悟だ。

東大に入学し、真面目に勉強し、優秀な成績を収めて卒業しても、それによって、これからの社会において「活躍する人材」になることは、全く保証されていない。

その現実を直視し、自分自身で何を学ぶべきかを判断し、自力で道を切り拓いていくことだ。

もとより、こう述べると、多くの大学人から反論もあるだろう。しかし、私も大学院の教授として学生を教える立場にあるが、残念ながら、現在の大学で教えられるのは、基本的に「学歴的能力」の領域を大きく超えることはできない。

そして、日本の大学教育の現状は、この後に述べる「ダボス会議」などで議論されている世界の最先端の教育から、大きく後れを取っている。それは現実だ。

では、これから、教育は、どのような方向をめざすべきか。

めざすべき方向は、幾つかあるが、一つの方向を述べるならば、これからの時代は、人工知能では代替できない高度な技術や技能、芸能や芸術などの「職業的能力」を教える大学や学校が重要になっていくだろう。例えば、アートやデザイン、音楽や映像、料理や接客などを教える学校だ。

人工知能革命でも活躍する人材の条件

では、これから、人工知能が人間の知的労働の多くを代替していく時代において、人間が担うべき仕事は何か。人間だけが担える仕事は何か。言葉を換えれば、「人工知能革命の荒波を越えて活躍する人材」の条件は何か。

実は、このテーマは、毎年、世界中の大統領や首相を始めとする政界、財界、学界のトップリーダーが集まる「ダボス会議」で、何年にもわたって議論が行われてきた。私は、この会議を主催する「世界経済フォーラム」の Global Agenda Council のメンバーを務めてきたことから、この議論にも、深い興味を持って関わってきた。

この議論の中で、世界中の多くの識者が共通に指摘することがある。

それは、人工知能が代替できない人間の能力として、「三つの能力」があるということだ。


第一は「クリエイティビティ」。

第二は「ホスピタリティ」。

第三は「マネジメント」。


その「三つの能力」こそ、人間だけが発揮できる能力であると指摘されてきた。

実は、これは、そのまま、本書で述べてきた「三つの能力」でもある。

すなわち、「クリエイティビティ」とは、直観判断力に基づく知的創造力のことであり、本書で言う「職業的能力」のことだ。

また、「ホスピタリティ」とは、傾聴力や伝達力に基づくコミュニケーション力のことであり、「対人的能力」のことだ。

そして、「マネジメント」とは、人間的魅力や人間力に基づくマネジメント力やリーダーシップ力のことであり、「組織的能力」のことだ。

すなわち、これからの人工知能革命の荒波を越えていけるのは、この「職業的能力」「対人的能力」「組織的能力」を高度なレベルで身につけた人材であり、この「三つの能力」を身につけた人材だけが、これからの社会で活躍できる。

逆に言えば、そのことを理解し、これら「三つの能力」を身につけていかないかぎり、たとえ東大卒の人材でも、職を失うことになる。

だから、君は、これからの四年間、東京大学在学中に、「職業的能力」「対人的能力」「組織的能力」という能力の基礎を、しっかりと身につけていかなければならない。

それは、特に、いまの時代、極めて重要なことだ。

なぜなら、私が実社会に出た三七年前は、就職した後、企業が社員に対して、その「三つの能力」を身につける機会を与えてくれたからだ。

しかし、現在の企業は、たとえ大企業といえども、そうした教育をしてくれない。残念ながら、短期的収益を求められる金融資本主義の圧力の中で、手間と時間をかけ、愛情と熱意を持って社員を育てるという余裕が無くなってしまったからだ。

だから、これからの時代、君は、大学に頼ることもできず、企業に頼ることもできず、自力で、その能力を身につけていかなければならない。


しかし、心配する必要はない。

君が、これからの時代にやってくる荒波を直視し、それを乗り越えていく決意を固め、自分自身を成長させていこうとの覚悟を定めるならば、必ず、道は拓ける。

では、どうすれば、君は、この「三つの能力」を身につけていくことができるのか。

次に、その話をしよう。

第四話

君は、いかにして「職業的能力」を身につけるか

「仕事のできる人材」とは

第二話と第三話では、君が身につけてきた「基礎的能力」と「学歴的能力」だけでは、実社会で「活躍する人材」になれないことを述べてきた。

君が、「真のエリート」として、志と使命感を持って社会に貢献しようと考えるならば、これから「職業的能力」「対人的能力」「組織的能力」の三つの能力を身につけ、磨いていかなければならない。

そこで、これからの三話では、それぞれの能力を、どう身につけていくか、その方法を語ろう。

まず最初が、「職業的能力」だ。

この「職業的能力」とは、すでに述べたように、例えば、交渉力、営業力、会議力、企画力など、通常「○○力」と呼ばれる能力だ。

これらの能力は、実社会において「仕事のできる人材」になるためには、必ず求められる能力であるが、この能力を身につける修業は、通常、まず、スキルやセンス、テクニックやノウハウと呼ばれるものを身につけることから始まる。

しかし、君が、この能力を高度なレベルで身につけたいと思うならば、最初に理解しておかなければならないことがある。

「職業的能力」とは単なるスキルではない

それは、この「職業的能力」とは、単なるスキルやテクニックではないということだ。

この「職業的能力」とは、実は、「技術」と「心得」という二つの能力が組み合わされたものだ。

「技術」とは、いわゆる、スキルやセンス、テクニックやノウハウと呼ばれるもの。

「心得」とは、マインドやハート、スピリットやパーソナリティと呼ばれるものだ。これは、「心構え」「心の姿勢」「心の置き所」と呼ばれるものでもある。

従って、君が「職業的能力」を高度なレベルで身につけたいと思うならば、スキルやテクニックといった「技術」だけでなく、マインドやハートといった「心得」を、併せて身につけなければならない。

では、なぜ、「技術」だけでなく、「心得」が必要なのか。

例えば、実社会に出て、君が「プレゼンテーション力」を身につけようとしたとする。

まず、君は、聴衆に渡す配布資料の作り方、スライドの作り方、プロジェクターの操作、発表用の手元資料の使い方、発声の方法、質疑の受け方、全体の進行といった技術を学ぶことになる。

しかし、こうしたスキルやテクニックを身につけただけで、プレゼンテーションが上手くなるわけではない。

ここで、東大卒の人間が、しばしば陥る過《あやま》ちがある。

それは、「無意識の上から目線」だ。

東大卒の人間は、若い頃から、周りから「優秀だ」と言われ続けているために、聴衆を前にしたとき、無意識に「上から目線」になってしまうのだ。自分では気がつかないが、どこか、聴衆に「教えてやろう」という雰囲気が出てしまうのだ。

そのため、プレゼンそのものは流暢《りゅうちょう》にできても、聴衆の気持ちが離れてしまうのだ。

もちろん、こうした過ちは、東大卒だけでなく、若い優秀な人間が、しばしば陥る過ちだが、これを、プロフェッショナルの世界では、「スキル倒れ」と呼ぶ。「スキルは身につけているが、スキルだけに頼り、大切なことを身につけていないため、失敗する」という意味の言葉だ。

そして、その「大切なこと」が、「心得」や「心構え」「心の姿勢」「心の置き所」と呼ばれるものであり、このプレゼンの例で言えば、聴衆に対して「聴いて頂いて有り難い」といった感謝の気持ちを持つことや、「自分の話はまだまだ未熟だ」という謙虚な気持ちを持つことだ。

このように、君が「職業的能力」を高度なレベルで身につけたいと思うならば、プレゼンテーション力だけでなく、交渉力、営業力、会議力、企画力など、他のどのような能力も、「技術」だけでなく「心得」を同時に身につける必要がある。そのことを、決して忘れないで欲しい。

書物では「職業的能力」は身につかない

そして、「職業的能力」を身につけていくために、君が理解しておかなければならないことが、もう一つある。

それは、本を読んだだけで「職業的能力」は身につかないということだ。

この「職業的能力」を身につけることは、「仕事のできる人間」になるために不可欠のことだが、そのため、書店に行けば、「プロフェッショナルの技術」に関する本や、先ほど述べた、交渉力、営業力、会議力、企画力など、「○○力」と題した本が数多く並んでいる。

もとより、こうした本の多くは、それぞれの分野で実績も実力もあるプロフェッショナルが書いたものであり、それを読むことで、それなりに学ぶものはあるが、実は、東大生のような「勉強のできる人間」が、必ずと言って良いほど陥る過ちがある。

それは、本を読めば、「○○力」を身につけることができると思い込むことであり、本を読んだだけで、その「○○力」を身につけたと思い込んでしまうことだ。

では、なぜ、そうした錯覚に陥ってしまうのか。

「知識」と「智恵」を混同しない

それは、「知識」と「智恵」の違いを理解していないからだ。

世の中には、この二つを混同してしまう人が少なくないのも事実だが、君が「職業的能力」を身につけていきたいならば、この二つの違いを理解することが極めて重要だ。

では、「知識」とは何か。

それは、「言葉で表せるもの」であり、「書物」で学ぶことができるものだ。

では、「智恵」とは何か。

それは、「言葉で表せないもの」であり、「経験」を通じてしか掴むことができないものだ。

先ほどのプレゼンテーションを例にとって説明しよう。

例えば、君が、「プレゼンテーション力」に関する本を読み、そこに「プレゼンテーションは、リズム感を大切に行うこと」と書いてあったとする。

その文章を理解しただけならば、君は、プレゼンの一つの技術を「知識」として記憶しただけにすぎない。「頭で分かった」だけにすぎない。

しかし、君が、この本のアドバイスを心に刻み、何度もプレゼンを経験し、その「リズム感」を徐々に掴んでいったならば、君は、そのプレゼンの技術を「智恵」として身につけたと言える。それは、「体で掴んだ」ということだ。

君が理解するべきは、この「知識」と「智恵」の違いだ。

しかし、東大生のような「勉強のできる人間」は、必ずと言って良いほど、この二つを混同してしまう。

例えば、本を読んで「企画の技術」について学ぶと、それを単なる「知識」として頭に入れただけで、その「智恵」を身につけたと勘違いしてしまうのだ。

それは、東大に入るまでは、教科書や参考書を読んで、速く、正確に「知識」を憶えることが「優秀さ」であると言われる人生を歩んできたため、実社会に出ても、「知識」を憶えた瞬間に、大切なことを掴んだと思い込む習慣が身についてしまっているからだ。

そのため、こうした習慣から脱することができない東大卒の人間は、しばしば職場で、上司から、「頭で分かったつもりになるな」という叱責を受けることになる。

だから、君は、「書物を通じて知識を学ぶ」ということと、「経験を通じて智恵を掴む」ということが全く違うということを、しっかりと心に刻んで実社会に出なければならない。

特に、これからの時代は、このことが、ますます重要になる。

なぜなら、第三話で述べたように、これから君は、「知識を学び、活用する」というだけならば、人間は、人工知能に全くかなわない時代に向かっていくからだ。

そのため、これからの時代は、「書物で学べる知識」よりも、「経験でしか掴めない智恵」を、どれほど身につけているかが、人間の存在価値になっていく。

これまで、君は、東大に入るために「知識の勉強法」をしっかりと身につけてきただろう。しかし、これから、君は、実社会に出る前に、「智恵の修得法」をこそ、しっかりと身につけておかなければならない。

では、「智恵の修得法」とは何か。

次に、そのことを語ろう。

「反省」とは最も科学的な成長の技法

いま述べたように、「職業的能力」とは、すべて「経験」を通じてしか掴めない「智恵」であるが、実は、ただ「経験」をすれば「智恵」が身につくわけではない。

君が、実社会に出て、職場の先輩たちを見ると気がつくと思うが、先輩たちの中には、色々な経験は積んでいるにもかかわらず、職業的能力、すなわち、技術や心得を身につけ、磨いていない人が、決して少なくない。

では、なぜ、そうしたことが起こるのか。

それは、「経験」を「体験」にまで深めていないからだ。

ただ漫然と仕事の「経験」を積んでいるだけで、その「経験」から掴むべき「智恵」を掴み、それを「体験」にまで深めていないからだ。

では、どうすれば、「経験」を「体験」に深めることができるのか。

「反省」をすることだ。

ただ、ここで「反省」と言うと、君は誤解をするかもしれない。

なぜなら、多くの人が、「反省」とは、「後悔」をすることや、「懺悔《ざんげ》」をすることだと勘違いをしているからだ。

しかし、「反省」とは、過ぎてしまったことを悔いる「後悔」や、自分の非を認める「懺悔」とは全く違ったものだ。

それは、「経験」から「智恵」を掴み、成長していくための、具体的で科学的な技法だ。

すなわち、「反省」とは、一日に与えられた「経験」を、そのまま放置せず、心の中で、その経験を思い起こし、「追体験」し、そこでいかなる「智恵」を掴んだか、いかなる技術や心得を学んだかを振り返ることだ。

それを行うだけで、君の職業的能力は、確実に高まっていく。そして、この「反省」という技法は、決して時間と労力のかかる技法ではない。

例えば、一時間のプレゼンの経験を、追体験し、振り返るのに、一時間かかるわけではない。わずか五分で効果的な「反省」ができる。わずか五分、その時間を持つだけで、先ほどまでの「経験」が「体験」へと深まっていく。そして、確実に、仕事の智恵を掴み、技術や心得を掴んでいくことができる。

効果的な「反省日記」の習慣

それにもかかわらず、多くの人々は、この「反省」の時間を持とうとしない。仕事に追われる多忙の中で、この「反省」を習慣にしないからだ。

では、どうすれば、それを習慣にできるのか。

一つの効果的な方法は、「反省日記」をつけることだ。

一日の仕事を終えた後、その日に経験した様々な仕事の場面を思い起こしながら、自分の仕事の技術や心得を振り返り、ノートに記していくことだ。このささやかな習慣を身につけるだけで、君の職業的能力は、確実に高まっていく。

私自身、学生時代からこの「反省日記」をつけ始め、実社会に入っても、この習慣を続けたが、一〇年余り、この日記をつけ続けたことが、私のプロフェッショナルへの道を拓いてくれたと思っている。

しかし、ここまでの話を聞いて、君は、次のような疑問を抱くかもしれない。

「そうした技法を実践するのは、四年後に実社会に出て、実際に仕事に携わるようになってからでもよいのではないか……」

だが、これから四年間の学生生活においても、実社会での仕事に通じる経験は、いくつもあるだろう。ゼミでの発表や学園祭の運営、サークル活動やクラブ活動、さらには実際のアルバイトやインターンシップなど、いずれも、君が「職業的能力」「対人的能力」「組織的能力」の基礎を身につけるための絶好の機会だ。

そして、これからの時代、こうした能力を身につけ、磨いていくのは、早いほどよい。

なぜなら、第三話で述べたように、現在、多くの企業は、競争激化と合理化の圧力の中で、採用した新入社員に、手間と時間をかけて能力を身につけさせ、磨かせていくという余裕を失っているからだ。

だから、君は、誰に頼るのでもなく、自分自身の力で、必要な能力を身につけ、磨き、道を拓いていかなければならない。その覚悟を定めなければならない。

そして、その覚悟は、いつか、君がリーダーとしての道を歩むとき、大きな力となるだろう。

一流のプロは必ず「師匠」を持っている

君が「職業的能力」を身につけ、磨いていくとき、この「反省の技法」は必ず役に立つだろう。

しかし、君が知っておくべき、もう一つ大切な技法がある。

それは、「私淑の技法」だ。

「私淑」とは、優れた能力を持っている人物を、心の中で「師匠」と思い定め、その人の仕事をする姿から、言葉を超えて、直接、その技術や心得を学ぶことだ。

実は、君が、職業的能力を磨いていくとき、この「私淑する師匠」がいるか否かが、極めて重要だ。なぜなら、我々が、技術や心得を掴んでいくとき、ただ「経験」を積み、「反省」をするだけでは限界があるからだ。

実際、世の中を見渡すと、一流のプロフェッショナルと呼ばれる人々は、職種を問わず、分野を問わず、誰もが、若き日に、優れた「師匠」との出会いを持っている。

その意味で、君が、大学時代に、仕事の技術や心得において「師匠」と呼べる人と巡り会えるか否かは、大きな問題だ。そして、その「師匠」との触れ合いを通じて、「師匠からの智恵の盗み方」をどれほど掴んだかが、実社会に出てからの君の成長を決めてしまうだろう。

ここで、敢えて「盗み方」という言葉を使ったが、この言葉は、あまり好きな言葉ではない。しかし、この言葉が教えているのは、次のことだ。

「師匠は、弟子に対して、手取り足取り、技術や心得を教えてはくれない。自分自身が、『学びたい』『掴みたい』という強い意欲を持って、師匠の仕事の姿から、その技術や心得を盗み取っていかなければならない」

たしかに、その通り。

例えば、いま、私は、毎年、数多くの講演を行っており、また、これまで様々な著書を上梓してきたが、実は、大学時代は、決して、話の上手な人間ではなかった。また、文章の上手な人間でもなかった。

しかし、大学を卒業した後、二年間、医学部のY教授の研究室で学んだが、そのY教授が、話の達人であり、文章の達人であった。

Y教授は、弟子への深い愛情を持った人であったが、それゆえ、弟子の成長のために厳しい指導をする師匠でもあった。しかし、その教授に師事した二年間に、話術、文章術はもとより、プロフェッショナルとしての多くの技術と心得を学ぶことができた。そのお陰で、今日の自分がある。

また、このY教授に師事する中で身につけた「師匠からの智恵の盗み方」が、後年、実社会に出て民間企業で働くようになってから、大きく役に立った。

なぜなら、私が大学院を終え入社した企業で配属になったのは、希望した研究開発部門ではなく、全く経験の無い企画営業部門であったが、この職場で巡り会ったのが、営業の達人と呼ぶべきA課長だったからだ。そして、このA課長の姿から学んだ営業の技術や心得が、その後の私の人生を、大きく拓いてくれた。

さらに、この企業では、後にこの会社の社長となるA専務との出会いもあった。このA専務は、戦略思考のプロフェッショナルと呼ぶべき人物であったが、この専務からは、戦略思考の真髄を、その姿を通じ、直伝で学ぶことができた。

このように、君が、本当に「職業的能力」を身につけ、磨きたいのであれば、「反省の技法」とともに、この「私淑の技法」を身につけなければならない。

君が、どれほど、書店に並ぶ『プロフェッショナルの技術』『達人の技』といった本を読んでも、「反省によって経験から学ぶ」「私淑によって人間から学ぶ」という二つのことを行わなければ、君は、決して、高度な「職業的能力」を身につけることはできないだろう。

実社会で求められる「知的創造力」とは

では、その高度な「職業的能力」の一つである、「知的創造力」は、どのようにすれば身につくのだろうか。どのようにすれば、「クリエイティビティ」と呼ばれるものを身につけることができるのだろうか。

最初に理解しておくべきことがある。

実社会において求められる「知的創造力」とは、音楽のモーツァルトや絵画のピカソ、科学のアインシュタインといった天才的な人間の持つ「知的創造力」のことではない。

実社会で求められる「知的創造力」とは、そうした水準のものではない。

実社会で求められる「知的創造力」とは、まずは、目の前の仕事を、従来とは異なった視点で見つめ、その仕事の新たなやり方や、より良いやり方を考え、実現していく力だ。

そして、ここで大切なことは、「実現していく力」という部分だ。

例えば、君が企業や官庁に就職して、ある仕事の進め方について、新たなやり方を考えついたとする。ただ、それを提案したり、語っているだけでは、「知的創造力」を持った人材とは言われない。その提案を、魅力的な企画書にまとめ、上司や幹部を説得し、職場の仲間を巻き込み、一つのプロジェクトとして動かし、具体的な結果を出したとき、初めて、君は、「知的創造力」を持った人材として認められる。

なぜなら、実社会は、「アイデア・コンテスト」の世界ではないからだ。

ただ、新たなアイデアや面白いアイデアを語っただけで、そのアイデアを実現するために行動する力を持たなければ、君は「アイデア倒れの人」という評価を受けてしまう。そして、それを繰り返していくと、いつか、職場の仲間は、誰も、君を相手にしてくれなくなる。

教育の世界では、「創造性を育む」といった言葉や、「創造的な人材に育てる」といった言葉が、実社会の現実から遊離した雰囲気の中で語られているが、実は、どのような分野においても、「創造的」と言われるプロフェッショナルは、単にアイデアが卓抜なだけでなく、それを実現する力を身につけている。

私自身、そのことを思い知らされたのが、米国のシンクタンクで働いたときだ。

米国のシンクタンクで学んだ「革新性」

私が働いたシンクタンクは、ゼロックスの開発を始めとする様々な先端技術の開発で知られる技術系シンクタンクであり、当時、米国のオハイオ州コロンバス、ワシントン州リッチランド、スイスのジュネーブ、ドイツのフランクフルトの四研究所で、総勢八千名の研究員とスタッフが働いていたバテル記念研究所であったが、この中でも最大の組織を誇るリッチランドのパシフィックノースウェスト研究所に着任したときのことだ。

私は、その研究所で高い評価を受けるのは、「創造的な研究」をした研究員であろうと思い、「クリエイティビティ（creativity）」ということが評価基準であると思っていたが、着任のとき、所長から言われた言葉に衝撃を受けた。

「この研究所では、『創造性』（creativity）という言葉は使わない。『革新性』（innovativity）という言葉を使う」

そして、実際に、その研究所で働いてみると、所長の言葉通り、どれほど「創造的なアイデア」を提案しても、それだけでは評価されない。そのアイデアを具体的に実行し、何かの「イノベーション」（革新）を実現したとき、初めて、その研究所で評価された。

そして、これは、決して、バテル記念研究所だけの文化ではない。

いま、世界で最も創造的な人材が集まる企業と言われる「グーグル」においても、やはり、社内での評価の基準は、新たなアイデアを提案することではない。そのアイデアを具体的なソフトウェアとして試作したとき、初めて高い評価を受ける。

世界の最先端で活躍する「創造的な人材」とは、「アップル」の創業者、故スティーブ・ジョブズを始め、実は、そうした「アイデア実現力」を身につけた人材なのだが、現在の我が国の大学教育においては、残念ながら、そうした教育は、あまり行われていない。

では、その「アイデア実現力」とは、どのような力か。

それは、言葉を換えれば、実社会において、アイデアの実現を妨げる目の前の現実（上司の判断、仲間の意識、職場の文化、会社の方針、技術的な問題、資金的な制約、制度的な壁、市場の現状、社会の仕組みなど）を変えていくことのできる力、「現実変革力」と呼ぶべきものだ。

もとより、実社会に出たばかりの君が、すぐに、この「現実変革力」を発揮することはできないが、君が、いつか、社会に革新をもたらし、世の中に貢献する事業のアイデアを実現したいと思うならば、一〇年の歳月をかけてでも、この力を身につけていかなければならない。

では、どうすれば、目の前の現実を変える力、「現実変革力」を身につけていくことができるのか。

そのためには、君は、「思想」「ビジョン」「志」「戦略」「戦術」「技術」「人間力」という「七つのレベルの知性」を身につけていかなければならない。

この「七つの知性」については、拙著『知性を磨く』（光文社新書）においても詳しく述べたが、要約的に述べるならば、それは、

この世の中がどのような摂理・法則で変化しているかを知る「思想」。
その思想に基づいて、世の中の様々な変化を予見する「ビジョン」。
それらの変化の中で、どのような良き変化を実現するかの「志」。
その良き変化を、いかにすれば、最小の努力で実現できるかの「戦略」。
いかなる具体的な行動を取れば、その戦略を遂行できるかの「戦術」。
その戦術を、最も効果的に実行するためのスキルなどの「技術」。
関与する人々が、共感を持って、智恵と力を貸してくれる「人間力」。

という「七つの知性」であり、君は、これらの知性を、仕事の様々なレベルでの経験を通じて、それぞれ、身につけていかなければならない。

いずれにしても、実社会に出たら、君は、まず、目の前の仕事を、従来とは異なった視点で見つめ、その仕事の新たなやり方や、より良いやり方を考え、さらに、それを実現する力を身につけていかなければならない。

そうした意味での「知的創造力」を身につけていったとき、君は、いつか、世の中の役に立つ新たな商品やサービスを開発する仕事に取り組んだり、一つの企業や地域、国家や社会の新たな戦略や政策を立案する仕事に取り組むことができるようになるだろう。

「答えの無い問い」を問う力

しかし、こう述べると、君は、また、一つの疑問を抱くかもしれない。

「実社会における『知的創造力』というものが、そうした実践的なものであることは理解したが、それでも、やはり、最初の『新たなアイデア』が大切ではないか。そのアイデアを生み出すためには、何が必要か」

それは、たしかに大切な問いだ。

もとより、「新たなアイデア」や「創造的なアイデア」を生み出すための一般的な方法は無いが、そのアイデアを生み出す「知的創造力」を発揮するために、君が、必ず身につけなければならない力がある。

それは、「答えの無い問い」を問う力だ。

なぜなら、実社会の仕事の世界では、君が直面する問題のほとんどが、「答えの無い問い」だからだ。

例えば、君が、会社で新たな商品やサービスの開発に取り組んだとき、その商品やサービスが、どれほど世の中から求められているかは、実は、分かるようで分からない。どれほど市場の調査や分析を行っても、現在のような多様化し、変化の激しい市場では、顧客のニーズというものが分かるようで分からない。それは、まさに「答えの無い問い」だ。

例えば、君が、営業の仕事に配属になったとき、すぐに直面するのが、「お客様の気持ちが分からない」という悩ましい問題だ。その言葉や表情から真意を読み取ろうとしても、なかなか、それができない。『相手の心を見抜く技術』などという心理学の本をいくら読んでも、現実の人間の心は、それほど単純ではない。そのため、君は、目の前のお客様の気持ちが分からないという現実に直面する。それも、「答えの無い問い」だ。

自分のキャリアプランを考えても、どのような仕事が、本当に自分に向いているのかは、なかなか分からない。これも、「答えの無い問い」だ。

私自身、大学院時代は、研究者の道を歩みたいと思い、それが自分に向いていると思っていたが、希望に反して実社会に出ることになった。しかし、実社会で営業、企画、マネジメントの道を歩み、そうした道が自分に向いている道であることを知った。いま振り返れば、私自身、自分のことが分かっていなかった。

このように、君が実社会に出て直面する問題のほとんどは、「答えの無い問い」だ。

だから、君は、「答えの無い問い」を問う力を、身につけなければならない。

では、そのためには、何が大切か。

安易に「正解」を求めないことだ。

安易に「正解」を求めない

実社会で君が向き合う問題は、中学校時代、高校時代の教科書や参考書のように、最後のページを見れば「正解」が書いてあるというものはない。どのような問題でも、まず、自分の頭で考え、考え抜き、自分なりに「正しい」と思える答えを出す。

十分な情報収集を行い、色々な人の意見を聴き、様々な分析や検討を行う努力は、するべきだろう。しかし、実社会における問題は、重要な問題ほど、そうした努力を尽くしても、なお、「正解」が見えないという状況になる。

だから、君は、最後は、自分の「直観判断力」に従って決めるということができなければならない。ときに、自分の中の「賢明なもう一人の自分」の声に従って決めることができなければならない。

そうした経験を積み重ねながら、君は、「答えの無い問い」に向き合い、「自分なりの答え」を出していくという力を身につけていかなければならない。

実は、「知的創造力」とは、そうした努力の中でこそ身につくものだ。

逆に言えば、安易に、上司の判断を仰ぎ、他人の意見に依存し、何かのマニュアルを探すという人間、自分の頭で考え、自分の責任で決めていくということをしない人間は、決して「知的創造力」を身につけることはできない。

では、この「答えの無い問い」に向き合う力は、いかにすれば、身につけることができるのか。

そのことは、また、第七話で詳しく話そう。

第五話

君は、いかにして「対人的能力」を身につけるか

コミュニケーションの八割は「非言語的」

君が、実社会で活躍する人材になろうと思うならば、第四話で述べた「職業的能力」を身につけただけでは不十分だ。

君は、さらに「対人的能力」を身につけなければならない。

では、「対人的能力」とは何か。


それは、一言で言えば、「傾聴力」と「伝達力」のこと。

すなわち、「相手の考えや気持ちを深く理解する力」と「相手に自分の考えや気持ちを円滑に伝える力」だ。

こう述べると、君は、「ああ、コミュニケーション力のことか」と思うかもしれない。

たしかに、それは、広義の「コミュニケーション力」のことだが、それは、中学校や高校で学んできた「読み方」や「聴き方」、「書き方」や「話し方」のことではない。

もとより、そうした能力は大切ではあるが、その力は、「コミュニケーション力」という意味では、実は、極めて初歩的なものだ。

それは、なぜか。

実は、コミュニケーションの八〇%は「ノンバーバル」だからだ。
「ノンバーバル」とは、「非言語的」という意味。
すなわち、コミュニケーションの専門的研究によれば、我々のコミュニケーションの八〇%は、言葉によるものではなく、眼差しや目つき、表情や面構え、仕草や身振り、姿勢やポーズなど、言葉以外によるものだ。逆に言えば、言葉によるコミュニケーションは、コミュニケーション全体の二〇%程度にすぎない。さらに低い割合、七%程度という研究者もいる。

いずれにしても、コミュニケーションの大半は、「ノンバーバル＝非言語的」なものであることを、君は、理解しなければならない。

そして、それを理解したならば、君は、次の二つの問いを、自問するべきだろう。その自問を通じて、君自身の「コミュニケーション力」を振り返ってみる必要がある。

心の「推察力」と「想像力」

第一の問い
君は、相手の「無言のメッセージ」を、その眼差しや表情、仕草や姿勢から、どの程度理解できるだろうか。

第二の問い
君は、君自身の眼差しや表情、仕草や姿勢によって、相手に、どのような「無言のメッセージ」を伝えてしまっているかを理解しているだろうか。

この二つの問いを君に問う理由は、実社会で活躍している一流のプロフェッショナルは、職種を問わず、分野を問わず、この「非言語的なコミュニケーション力」が優れているからだ。

しかし、実社会で長く仕事をしてきた人でも、この二つの能力を高度なレベルで身につけている人は、必ずしも多くない。

なぜなら、この能力を身につけるためには、論理思考力や分析思考力よりも、推察力や想像力が求められるからだ。すなわち、相手の表情の奥を推察する力や相手の気持ちを想像する力だ。

そして、この人間の心に対する「推察力」や「想像力」は、現実の対人関係を、濃密に体験することによってしか身につかない能力でもある。

そのため、君は、これまでの中学校、高校の教育を通じて、論理思考力や分析思考力は身につけてきただろうが、おそらく、この推察力や想像力は、あまり身につけてきていないだろう。現在の学校教育では、この二つの能力の涵養《かんよう》に、時間を割いていないからだ。

だからこそ、君は、実社会に出る前の大学時代に、意識的に、真剣で濃密な対人関係の経験を積むことによって、この能力を身につけ、磨いていかなければならない。

そして、そうした能力こそが、人間だけが発揮できる高度な能力であり、人工知能革命の時代においても活躍できる人材の条件になっていく。

人工知能は、論理思考力や分析思考力は圧倒的に優れており、「言語的コミュニケーション」においては、それなりに高度な能力を発揮するだろう。しかし、この人間の心に対する推察力や想像力については、やはり、人間の高度な能力には追いつけないだろう。

ちなみに、SF映画の古典とも呼べる、アーサー・C・クラーク原作、スタンリー・キューブリック監督の『二〇〇一年　宇宙の旅』には、HALという人工知能が登場する。

この人工知能は、極めて高度な能力を持ち、主人公のボーマンと同僚との会話を、その音声が聴き取れない状況にもかかわらず、彼らの唇の動きから「読唇術」を使って聴き取ってしまう。

それは、見事な能力だが、しかし、それでもなお、この能力は「言語」の読み取りであり、「言語的コミュニケーション」の範疇を超えていない。

この映画の未来予測はさておき、いずれにしても、君が「言語的コミュニケーション」の力だけでなく、「非言語的コミュニケーション」の力を身につけ、磨いていくならば、人工知能が人間の能力を大きく代替していく時代においても、君は、活躍する人材になっていけるだろう。

「非言語的コミュニケーション力」の修得法

では、いかにして、この「非言語的コミュニケーション」の力を身につけ、磨いていくのか。

一つの有効な技法がある。それは、誰かとの対話や交渉、会合や会議といった対人的な経験の後、必ず、第四話で述べた「反省」を行うことである。そして、先ほどまでの場面を「追体験」しながら、その場で、どのような「無言のメッセージ」が交わされたかを振り返ることである。

例えば、

「Aさんは、言葉では賛成と言っていたが、その表情からは、あまり乗り気でない気持ちが伝わってきた」

「Bさんは、あの瞬間、黙っていたが、自分を見るあの眼差しからは、温かいものが伝わってきた」

「Cさんの発言中、自分は、小さく頷いていたが、それで、こちらの思いは伝わったようだ」

「Dさんは、あのとき、自分が時計を見たので、次の予定が入っていると思って、議論を切り上げてくれたのだろう」

といった形で、その場での「無言のメッセージ」の交換を振り返り、そこで起こった「非言語的コミュニケーション」を振り返ることだ。

私自身は、実社会に出た新入社員の頃から、会合や会議、商談や交渉の後、必ずその場を「追体験」し、この「無言のメッセージ」の交換を振り返るという習慣を続けた。そうして身につけた「非言語的コミュニケーション」の力が、後に、自分の大きな財産になっていることに気がついた。

人工知能革命の脅威が語られる時代において、多くの識者が、人工知能に代替されない人間の能力として「ホスピタリティ」を挙げているが、では、どうすればこの「ホスピタリティ」の能力を高めていくことができるのかは、あまり教えてくれない。

実は、この「ホスピタリティ」の能力を高めていくための重要な一つの方法が、先ほどから述べている「非言語的コミュニケーション」の力を磨くことであり、人間の心に対する推察力と想像力を身につけ、傾聴力や伝達力を磨いていくことだ。

しかし、君が、本当に「ホスピタリティ」を身につけていこうと思うならば、「言語的コミュニケーション」と「非言語的コミュニケーション」の力を磨くとともに、さらに大切なことがある。

それは、何か。

最高のコミュニケーション力は「共感力」

深い「共感力」を身につけることだ。

なぜなら、人間同士に深いコミュニケーションが生まれるときには、それが親と子の関係であっても、師匠と弟子の関係であっても、上司と部下、顧客と業者の関係であっても、そこに人間的な「共感」が生まれているからだ。

しかし、こう「共感」の大切さを述べると、もしかしたら、君は、「ああ、共感の大切さについては、学校でも教わり、色々な本でも読みました」と思うかもしれない。

だが、すでに何度か述べたように、「共感」の大切さを頭で知っていることと、君が誰かに対して、本当に深く「共感」できるかどうかは、全く別のことだ。

その理由は、二つある。

一つは、我々が、「共感」ということと、「同情」「憐憫《れんびん》」ということを混同してしまうからだ。

世の中では、しばしば、これらの言葉を混同して使う傾向があるが、実は、この「同情」や「憐憫」は、「共感」とは、全く違う意味の言葉だ。

何が違うのか。

「共感」とは、「相手の姿が、自分の姿のように思えること」だ。

それに対して、「同情」や「憐憫」という感情には、どこか、相手を「上から見る」眼差しがあり、相手と自分との間に「心の距離」がある。

君には、そのことに気がついておいて欲しい。


もう一つは、我々は、自分自身に、それなりの経験がなければ、誰かに対して、本当には「共感」できないからだ。

例えば、君は、「勉強のできない友人」に対して、「共感」できるだろうか。もし君が、子供の頃から「勉強のできる生徒」であったならば、君は、その友人に、本当の意味で「共感」はできない。

なぜなら、君には、「勉強ができない」という彼もしくは彼女の「辛さ」や「苦しさ」、「劣等感」や「屈辱感」が分からないからだ。

では、そう述べる私は、どうだったか。

実は、私は、小学校の頃、勉強のできない生徒だった。そのため、「勉強ができない」という人間の辛さや苦しさ、劣等感や屈辱感を、それなりに味わった。その経験は、ささやかではあるが、後に、自分が「共感力」というものを身につけていくとき、何かの糧となったと思う。

ただ、私は、こう述べることをもって、「その相手と全く同じ経験を持っていないかぎり、本当の共感はできない」ということを主張したいわけではない。

私が君に伝えたいのは、「経験」というものの重さを理解したうえで、「共感」という言葉を使って欲しいということだ。

仮に、その相手と全く同じ経験を持っていなくとも、自分自身にも、苦しい思いをしたり、辛い思いをした色々な経験があるならば、多少なりとも、その相手の気持ちを推察し、想像することができるだろう。

そして、そうした自分の経験をもとに、推察、想像ができるということが、「共感力」を身につけていくために、とても大切なことだ。

「共感力」を身につけるために

だから、もし、君が、「もっと他者に対する共感力を身につけたい」と思うのならば、大切なアドバイスがある。

それは、人生における、とても大切なアドバイスだ。

「苦労」をすることだ。

人生における色々な苦労を、厭《いと》うことなく、積んでいくことだ。

人生で与えられる苦労の経験を、一つ一つ積み重ねていくことだ。

昔から語られる一つの言葉がある。

「若い頃の苦労は、買ってでも、せよ」

私自身、この言葉を、若い頃、しばしば耳にした。

しかし、正直に言えば、この言葉を聞くと、内心、疑問を抱き、抵抗を感じていた。「そうは言っても、人生の苦労は、少ないほど良いのではないか」と思っていた。

しかし、それから半世紀以上の歳月を歩み、人生において様々な苦労を与えられ、色々な苦しさや辛さを経験し、いま、振り返るとき、この言葉が、どれほど大切な言葉であるかを痛感する。

なぜなら、自分自身が、人生の様々な苦労を経験していると、その苦労をしている人の気持ちが分かるからだ。そして、その人の姿が、自分の姿のように思え、深く共感できるからだ。

そして、人間同士の最も深いコミュニケーションは、その共感から生まれてくる。

「現場経験」で掴むもの

私が、大学院を終え、民間企業に入社したとき、人事部から訊かれた。

「新入社員は、基本的に、皆、地方の工場で半年間の現場研修を受けることになっています。しかし、あなたは、博士課程修了者なので、必ずしも現場研修を受けなくても良いですが、どうしますか」

この質問に対して、一瞬、迷ったが、やはり色々な経験をしてみようと思い、その半年間の現場研修を受けることにした。

その結果、配属された工場の現場では、作業服を着て、ヘルメットと安全靴を身につけ、徹夜の連続勤務も含め、肉体労働の日々を経験した。

それは、決して楽な作業ではなかったが、自分にとっては、非常に意味のある体験になった。

なぜなら、工場の現場において、高校を卒業して入社してきた多くの作業員の人々が、世の中の役に立つ製品を生産するために、どれほど大変な作業に取り組んでいるかを体験し、実感することができたからだ。

その工場での徹夜勤務の明け方、一人の年配の作業員が、私のところにやってきて、こう語りかけてきた。

「田坂さんは、大卒だから、何か月かしたら、本社に帰るんだろう。だったら、本社に伝えて欲しい。この現場の環境は、辛いんだ。見てくれ、この目を。毎日、硫酸ガスでやられて真っ赤だ。医者に行っても、もう慢性になってしまって治らんのだ。この現場環境を何とかしてくれ。あんたなら、分かってくれるだろう」

このときの、この年配の作業員の方の表情は、いまも忘れない。

それで、どれほどの改善ができたかは分からないが、この徹夜明けの朝、寮に帰って、何時間もかけて、本社へのレポートを書いたことを憶えている。実は、私自身も、その硫酸ガスに目をやられ、咳が止まらず苦労していたので、なおさら、この訴えの重さが分かったからだ。

ただ、こうした現場体験が、後に本社に戻っても、現場の作業員の人と一緒に仕事をするとき、大きな財産になった。ささやかながらも、現場の作業員の人と、共感的なコミュニケーションができたからだ。

だから、君が、本当に優れた「コミュニケーション力」を身につけたいと思うならば、文字通り、若い頃の「苦労」は買ってでもすることだ。そして、その「苦労」を通じて、他者に対する深い「共感力」を身につけていくことだ。

その「共感力」があれば、君は、必ず、優れた「コミュニケーション力」を身につけていくだろう。

そして、優れた「対人的能力」を身につけていくだろう。

「苦労知らず」と「苦労人」

しかし、その「苦労」と「共感力」は、「対人的能力」を高めるだけではない。次の第六話で述べる「組織的能力」を高めていくためにも、大きな財産になるだろう。君が、優れたリーダーになっていくための、大切な財産になるだろう。
なぜなら、実社会においては、職場の片隅で、メンバーがリーダーについて語る、批判の言葉があるからだ。

「苦労知らず」

この言葉は、厳しい言葉だ。
もし、君が、実社会において組織やチームのリーダーになったとき、部下やメンバーから、陰でこう語られていたならば、それは寂しい姿だ。

「あの人は、苦労知らずだから、
部下の苦労が分からないんだ……」

そして、東大卒の人間が、組織やチームのリーダーに指名されたにもかかわらず、部下やメンバーの心が離れていくとき、多くの場合、「あの人は、苦労知らずだから……」という言葉で批判されていることも、残念な事実だ。

しかし、その逆もまた、真実だ。

実社会において、職場で部下やメンバーから人望のあるリーダーは、しばしば、こんな言葉で語られている。

「あの人は、我々の気持ちを分かってくれる。
あの人は、苦労人だからね……」

このように、君が、これからの人生で、どのような苦労を積んでいくかは、そのまま、君の他者に対する「共感力」となり、それは、君の「対人的能力」だけでなく、「組織的能力」も大きく高めていくだろう。

なぜなら、いずれ、どのような職場でも、どのような人間集団でも、「共感力」の無いリーダーに、人はついてきてくれないからだ。

もし、実社会に出るとき、君の苦労の経験が、受験勉強や大学での勉強の苦労だけならば、君の「共感力」は、とても狭いものになっている。

君は、もっと様々な苦労をすべきだろう。

「苦労」についての二つの問い

しかし、こう述べると、それでも、君は、こう思うかもしれない。
「苦労をせよ、ということの意味は分かるが、
やはり誰といえども、苦労はしたくないのではないか……」

たしかに、誰といえども、心の中に「苦労はしたくない」という思いは持っている。それは、君だけではない。私も同じだ。

しかし、実社会に出た瞬間に、君は、否応なく、人間関係を始めとする、様々な苦労をすることになるだろう。そして、世の中の人々は、誰もが、そうした苦労を背負って生きている。

だから、実社会において、君に問われることは、二つある。

一つは、すでに述べてきたことだが、君自身が、どのような苦労をしてきたか、どれほど苦労をしてきたかだ。そして、その苦労の経験から、他の人々が背負っている苦労に対する共感を、どれほど持っているかだ。

もう一つは、君が、人生の苦労というものを、どう見ているかだ。

もし君が、「人生における苦労は少ないほど良い」「いかに苦労の少ない人生を歩むか」と思っているならば、君は、組織やチームのリーダーになったとき、部下やメンバーを励ましながら歩んでいくことはできないだろう。

なぜなら、それが仕事であるかぎり、その組織やチームは、様々な苦労や困難に直面するからだ。そして、そのとき、君が、部下やメンバーに、いくら言葉で「頑張ろう」と言っても、君自身が、苦労というものを否定的に見ているかぎり、その思いが部下やメンバーに、そのまま伝わってしまうからだ。そして、部下やメンバーもまた、心の中で、「なぜ、こんな苦労をしなければならないんだ……」と否定的な受け止め方をしてしまうからだ。

では、君は、人生や仕事の苦労というものに対して、どのような思想を持つべきか。

それは、明確だ。

「苦労の中でこそ、我々は、成長していける」

その思想を持つべきだろう。

たしかに、誰といえども、人生や仕事における苦労や困難を喜んで経験したいとは思わない。私も、そうだ。しかし、永い歳月を歩んで、人生を振り返るとき、一つの真実に気がつく。

「あの苦労や困難が、自分を成長させてくれた」

その真実に気がつく。

だとすれば、君は、「人生における苦労は少ないほど良い」「いかに苦労の少ない人生を歩むか」という安直な人生観を持つべきではない。

では、我々は、いかなる人生観を持つべきか。

「最善を尽くして、それでもなお与えられる苦労は、大いなる何かが、自分を成長させようとして与えている」

「大いなる何かは、その苦労を与えることによって、自分を成長させ、その自分を通じて、素晴らしい仕事を成し遂げようとしている」

その人生観をこそ、持つべきだろう。

そして、それこそが、「真のエリート」が持つべき人生観だ。

真のエリートの「逆境観」

君は、いずれ、実社会に出て、東大卒として道を歩むことになる。

そのとき、君は、好むと好まざるとにかかわらず、組織やチームのリーダーに任ぜられることになるだろう。そして、実社会においては、どのような組織もチームも、色々な苦労や困難に直面しながらも、リーダーを中心に、力を合わせ、心を一つにして、それを乗り越え、歩んでいくことが求められる。

そのとき、リーダーとしての君が、部下やメンバーに対して、信念を持って次の言葉を語れるならば、きっと、その組織やチームは、素晴らしい人間集団になっていくだろう。

「我々なりに最善を尽くして、それでもなお与えられたこの苦労は、大いなる何かが、我々を成長させようとして与えている」

「大いなる何かは、この苦労を与えることによって、我々を成長させ、その我々を通じて、素晴らしい仕事を成し遂げようとしている」

「そうであるならば、いま、与えられたこの苦労、この苦労を乗り越えることを通じて、互いに大きく成長していこう。そして、世の中のためになる、素晴らしい仕事を成し遂げていこう」

リーダーの君が、深い信念を持って、そう語れるならば、君の組織やチームは、想像を超えた、素晴らしい力を発揮していくだろう。

すなわち、リーダーに求められるのは、究極、その「逆境観」だ。
人生や仕事における、苦労や困難、失敗や敗北、挫折や喪失といった「逆境」を、どう受け止めるか。どう解釈するか。その「逆境観」だ。

そして、その「逆境観」の根本にあるべきは、一つの覚悟だ。

「人生において与えられる、すべての逆境には、深い意味がある」

その覚悟だ。

そして、その覚悟を定めて歩むとき、君は、いつか、君と共に歩む人々からこう思われるようになっていくだろう。

「あの人と話していると、辛いとき、苦しいとき、励まされる」
「あの人と一緒に仕事をしていると、人間として、成長できる」
それは、君が、素晴らしい「対人的能力」を身につけた時代でもあるが、
さらに、素晴らしい「組織的能力」を身につけていく時代でもある。

次に、そのことを話そう。

第六話

君は、いかにして「組織的能力」を身につけるか

人工知能が代替する「管理業務」

君が、第五話で述べた「対人的能力」、すなわち、高度な「コミュニケーション力」を身につけ、磨いていくと、次に、さらに重要な、もう一つの能力を身につけることが課題となる。

それが、「組織的能力」だ。

「組織的能力」とは、一つの組織やチームを、リーダーとして率い、マネジメントしていく能力であり、それは、「リーダーシップ力」と「マネジメント力」の二つによって支えられている。

このうち、「マネジメント力」については、人工知能革命の後も、人間に残された重要な仕事であると、多くの識者が指摘している。

しかし、この「マネジメント」の仕事についても、実は、人工知能が、その多くを代替していく。

なぜなら、昔から、「マネジメント」という言葉を日本語で「経営管理」と訳してきたように、その多くが「管理業務」だからだ。

「管理業務」とは、俗に「ヒト、モノ、カネ」と言われるものを管理する、人事管理、資材管理、予算管理などの仕事であり、さらに、仕事の時間を管理する工程管理やプロジェクトの全体を管理するプロジェクト管理などの仕事が挙げられる。

たしかに、これまでの時代、マネジメントにおいて、これらの「管理業務」は極めて重要な仕事であったが、これからの時代、その大半は人工知能が担うことになっていく。

いや、すでに、その多くの仕事が人工知能に置き換わりつつある。

例えば、現在では、人事管理の重要な部分も、人工知能が代替し始めている。多くの社員を抱えるある企業では、社員から仕事への不満や不安などの意見を聴き取り、それらの意見を人工知能が分析し、それぞれの社員が退職を申し出てくる可能性を評価し、適切な対策に結びつけている。

では、このように、マネジメントにおける「管理業務」の大半が、人工知能に置き換わっていく時代に、人間だけにできるマネジメントの仕事とは何か。

最も高度なマネジメントとは

それは、「心のマネジメント」だ。

例えば、組織やチームにおける部下やメンバーが、その自発性や創造力、協調性や共感力を遺憾なく発揮し、互いに協力し合って優れた仕事を成し遂げられるようにすること、また、部下やメンバーが仕事に意味と意義を見出し、働き甲斐や生き甲斐を感じられるようにすること。そうした「心のマネジメント」こそが、マネジャーやリーダーにとって、最も重要な仕事になっていく。

すなわち、情報革命が進み、人工知能が普及していく二一世紀の高度知識社会において、マネジメントは、管理業務のような仕事ではなく、「心のマネジメント」と呼ぶべき、極めて高度なマネジメントになっていく。

では、君は、その時代を前に、いかなる力を身につけていくべきか。

もとより、そうしたマネジメントを担う立場に立つのは、実社会に出て、何年もの経験を積んだ後だろう。

そのとき、君が、そうした高度なマネジメントを担える人材となっているためには、まず君自身が、それまでに、仕事の経験を通じて、自発性と創造力、協調性と共感力を身につけていくことだ。そして、君自身が、仕事に意味や意義を見出し、働き甲斐や生き甲斐を感じるようになっていることだ。

なぜなら、君自身が身につけていない能力を、部下やメンバーに身につけさせることはできないし、君自身が感じていない働き甲斐や生き甲斐を、部下やメンバーに感じさせることはできないからだ。

求められる「カウンセリング力」

　そして、君が身につけるべき力が、もう一つある。

　部下やメンバーの不満や不安、迷いや悩みに真摯に耳を傾け、その不満や不安、迷いや悩みを契機として、部下やメンバーが人間的に成長していくことを支えることだ。

　それは、ある意味で、部下やメンバーに対する「カウンセリング」と呼ぶべき仕事でもあり、それは、ときに、「コーチング」と呼ぶべき仕事でもある。

　もとより、このカウンセリングやコーチングは、現在、それぞれ、その専門の職業が存在しているが、これからの時代には、一つの組織やチームを預かるマネジャーやリーダーには、それを外部の専門職に任せるだけでなく、自分自身が、その二つの力を身につけることが求められるようになっていく。

この「心のマネジメント」を行える力、もし、君が、その力を身につけたならば、その能力は人工知能によっては決して代替できないものであり、君は、必ず、優れたマネジャーやリーダーになっていくだろう。

それが、これからの時代、君が身につけるべき「マネジメント力」だ。

「リーダーシップ」の無いリーダー

では、これからの時代、君が身につけるべき「リーダーシップ力」とは何か。

その前に、そもそも、「リーダーシップ」とは何か。

それは、端的に言えば、部下やメンバーが一人の人物に対して、こう思うとき生まれてくるものだ。

「この人と共に歩みたい」
「この人と一緒に仕事をしたい」
「この人の判断に従っていきたい」

だから、君が、例えば企業や官庁において、一つの組織やチームのリーダーに任命されただけで、そこに「リーダーシップ」が生まれてくるわけではない。上から与えられた権限で、部下やメンバーに指示や命令を出すだけで、「リーダーシップ」が発揮できているわけではない。

その意味で、世の中の職場を見渡すと、リーダーシップが発揮できないリーダーが多いことも、残念な事実だ。

しかし、それは、リーダーシップというものが、本来、極めて高度な能力であることを意味している。

それゆえ、部下やメンバーから、「この人と共に歩みたい」「この人と一緒に仕事をしたい」「この人の判断に従っていきたい」と思ってもらえることは、人工知能では決して代替しえない、人間だけが発揮できる能力でもある。

まず、君は、そのことを理解しなければならない。

二一世紀のリーダーシップの深化

そして、もう一つ、君が理解しなければならないことがある。

それは、この「リーダーシップ」というものが、これからの時代、極めて成熟した高度なものになっていくということだ。

いま、二〇世紀の社会を振り返ってみよう。

二〇世紀の工業社会においては、企業などの組織は、軍隊組織を模倣することから生まれてきた。

それは、中央集権型で階層型の組織であり、その組織の中で、上司と部下の指揮系統は明確であり、組織の目標を達成するために、与えられた権限によって部下を動かすことのできるリーダーが、優れたリーダーであると考えられてきた。そのため、二〇世紀の企業組織においては、リーダーの優れた能力を表現する言葉として、「人心掌握力」や「統率力」といった軍隊組織的な言葉が使われてきた。

しかし、こうした組織のパラダイムは、二一世紀において、もはや古いものになっている。

二一世紀の高度知識社会においては、むしろ、現場分権型で水平型の組織が基本となり、その組織の中では、上司は部下を支援する立場にあり、リーダーの役割は、与えられた権限によって部下を動かすことではなく、メンバーの自発性や創造力、協調性や共感力を引き出すことによって、組織の目標を達成していくことになっていく。

そして、そうしたリーダーシップの源泉は、決して「人心掌握力」や「統率力」といったものではなく、メンバーに「この人と共に歩みたい」「この人と一緒に仕事をしたい」「この人の判断に従っていきたい」と思ってもらえる力だ。

では、具体的に、それは、どのような力か。

三つの力を挙げておこう。

「ビジョンと志」を語る

第一は、「ビジョン」と「志」だ。

まず、組織やチームのリーダーとして、メンバーの力を合わせて、いかなる仕事を成し遂げ、いかなる変革をもたらすかを、魅力的に語る力、それが「ビジョン」だ。そして、その仕事を通じて、世の中にいかなる貢献をするかを、信念を持って語る力、それが「志」だ。

例えば、いま全世界に影響を与えているグーグルという企業を創業したラリー・ペイジとセルゲイ・ブリンは、大学院で研究をしている時代、「この検索エンジンを使って、世界中の情報を、誰にでも使えるようにしよう」というビジョンを語り合った。そして、その奥には、「この技術が、必ず、世界を良きものに変える」という志があった。グーグルという企業に、多くの優れた人々が集まり、現在のような企業が生まれた根底には、この魅力的なビジョンと強い信念に支えられた志があった。

君が、リーダーシップを身につけたいと思うならば、まず、この二つの力を身につけなければならない。

ただし、ここで、君が理解しておくべきことがある。

世の中には、「志」と似て非なる言葉がある。


それは、「野心」という言葉だ。


この「志」と「野心」、どちらも英語では、「ambition」と訳されるが、日本語では、全く違う意味の言葉だ。

「志」とは、自分の人生を通じて、ささやかでも良い、力を尽くして世の中のためになる仕事を成し遂げようとの思いのことだ。

それに対して、「野心」とは、大きな仕事を成し遂げることによって、「金持ちになりたい」（金）、「偉くなりたい」（権力）、「有名になりたい」（名声）という自分の願望を実現しようとの思いのことだ。

世の中を見渡すと、「志」を語っているようで、実は、「野心」を語っている人が、決して少なくない。
だから、君には、「野心」ではなく、高い「志」を抱いて欲しい。
そして、その「志」の奥に、深い「使命感」を抱いて欲しい。
この「志」と「使命感」という二つの言葉。
それは、この日本という国が誇るべき言葉だ。

「成長への意志」を持つ

第二は、「成長への意志」だ。

どのような魅力的なビジョンも、どのような高い志も、ただ、それを描き、抱いているだけで、素晴らしい仕事を成し遂げられるわけではない。

その仕事を成し遂げるためには、君自身を含め、組織やチームのメンバー一人ひとりが、職業人として、人間として、大きく成長していかなければならない。

だから、君は、その組織の中で、そのチームの中で、誰よりも強い「成長への意志」を持っていなければならない。

もし君が、誰よりも強く成長を願い、誰よりも懸命に成長への努力を続けていくならば、必ず、そこには「成長の場」と呼ぶべきものが生まれてくる。そして、その場の中で、周りのメンバーもまた、「成長への意志」を身につけていき、そこには、素晴らしい「成長し続ける人間集団」が生まれてくるだろう。

「可能性への信念」を抱く

第三は、「可能性への信念」だ。

君の語るビジョンや志が素晴らしいものであればあるほど、その仕事を成し遂げることは、容易ではない。そこには、多くの困難や障害が横たわっているだろう。

だから、君は、リーダーとして、誰よりも、「必ず、我々は、その仕事を成し遂げられる」という強い信念を持っていなければならない。君が預かる組織やチーム、その「人間集団の可能性」を信じる力を持っていなければならない。

そして、それは、一人ひとりのメンバーに対しても、同じだ。

一人ひとりのメンバーが、いかなる成長の壁に突き当たっても、そのメンバーの「人間としての可能性」を信じ、彼もしくは彼女が、必ず、その壁を越えて成長していけると信じる力を持っていなければならない。

そして、君が、一人ひとりのメンバーの可能性を信じるならば、君は、一人ひとりのメンバーに対する敬意を、決して失ってはならない。

いま、世の中には、『相手を思い通りに動かす』『相手を意のままに操る』といった書名の本が溢れ、「操作主義」の心理的テクニックを語る本が目につくが、君には、決して、そうした「操作主義」に染まって欲しくない。目の前の人間に対して、敬意をもって処するという姿勢を、決して失わないで欲しい。

もし、君が、「操作主義」に染まり、「操作主義」の心理的テクニックを使うリーダーになるならば、短期的には、君の願うように部下やメンバーが動くかもしれない。しかし、早晩、必ず、その部下やメンバーは、君の心の中の「操作主義」を感じ取り、彼らの心は、君から離れていってしまうだろう。

以上述べてきたように、君が、これからの時代に、「組織的能力」、すなわち、「マネジメント力」と「リーダーシップ力」を身につけ、磨いていきたいのであれば、まず、部下やメンバーの「心のマネジメント」を行える力を身につけていくことだ。そして、「ビジョンと志」「成長への意志」「可能性への信念」という三つの力を身につけていくことだ。

その力を身につけたとき、君は、二一世紀の新たなリーダーとして、多くの仲間と共に歩み始めているだろう。

第七話

東大在学中に何を身につけるべきか

活躍するために求められる「五つの能力」

さて、ここまでを振り返ってみよう。

序話と第一話では、君に「真のエリート」として歩んで欲しいと述べた。自身に与えられた「恵まれた境遇」への深い感謝の心を抱き、その心を、世の中に貢献する良き仕事を成し遂げることによって示そうとする人間、その「真のエリート」としての歩みだ。

第二話では、世の中に貢献するその仕事を成し遂げるためには、君は、単なる「求められる人材」ではなく、「活躍する人材」になる必要があることを述べた。そして、そのためには、「基礎的能力」と「学歴的能力」だけに慢心することなく、さらに「職業的能力」「対人的能力」「組織的能力」という三つの能力を身につけ、磨いていかなければならないことを述べた。

第三話では、これからの時代、君の強みである「基礎的能力」と「学歴的能力」によってできる仕事の大半は、人工知能によって置き換わっていくことを述べた。その結果、東大卒というだけでは「求められる人材」になることさえも難しい時代が来ることを述べた。

第四話から第六話では、人工知能によっても代替されない、人間だけが発揮できる高度な能力、「職業的能力」「対人的能力」「組織的能力」とは何か、それをいかにして身につけるかについて、それぞれ述べた。

そこで、この第七話では、君が、東京大学在学中に、「職業的能力」「対人的能力」「組織的能力」という三つの能力の基礎を、いかにして身につけていくか、その方法について述べよう。

「知能」を超えた「知性」を身につける

まず、最初に大切なことは、大学で学ぶことを過たないことである。

そもそも、大学とは何か。

それは、しばしば「知性の府」と呼ばれる。

そうであるならば、君は、東大在学中に、その「知性」を身につけ、磨かなければならない。

では、「知性」とは何か。

実は、この言葉と似て非なる言葉がある。

それは、「知能」という言葉だ。

世の中では、この二つの言葉が、しばしば混同して使われるが、この二つは、全く対極の言葉であることを、君は理解しなければならない。

では、「知能」とは何か。

「知能」とは、「答えの有る問い」に対して、いかに速く、正解にたどり着けるかの能力のことだ。

例えば、「知能検査」の「論理力テスト」において出される問題は、まさに、こうした能力を測るための問題だ。

そして、君が東大生になるために超えてきた入学試験。それも、「答えの有る問い」を出し、それに答えさせるという試験だ。
従って、東大生や東大卒の人材は、当然のことながら、この「知能」は、極めて高い。それゆえ、「知能」とは、ある意味で「学歴的能力」のことであり、「知能」が高いとは、「地頭が良い」ことでもある。

では、「知性」とは何か。

それは、「知能」とは全く逆の能力だ。

「知性」とは、「答えの無い問い」を問い続ける能力のこと。
「答え」など容易に得られないと分かっていて、それを問い続ける能力のことだ。

例えば、

「人生とは何か」

「幸せとは何か」

「なぜ、生きるのか」

「なぜ、働くのか」

「真実とは何か」

「善とは何か」

「美とは何か」

「なぜ、この宇宙は、ここに在るのか」

「なぜ、自分は、ここにいるのか」

「自分とは何か」

「心とは何か」

などの問い。

そうした、生涯かけて問うても、答えなど得られぬ問いを、それでもなお問い続ける力、それが「知性」だ。

この「知能」と「知性」の違い。

君には、その違いを、しっかりと理解しておいて欲しい。

君は、ここまで、受験勉強を通じて、「答えの有る問い」に答えを出す「知能」を磨いてきた。それは、それで、素晴らしいことだ。

しかし、実社会に出た瞬間に、ほとんどの問題が、「答えの無い問い」だ。そのことは、すでに第四話で述べた。

だから、実社会での「答えの無い問い」を前に、「答えの有る問い」に慣らされてきた君は、油断をすれば、落し穴に陥ってしまう。

その落し穴は、三つある。

知性とは「魂の強さ」

最も怖い第一の落し穴は、「思考停止」だ。

いくら考えても答えの出ない問題や容易に答えの出ない問題については、「考えない」ようにしてしまうことだ。そして、答えの出る問題にだけ注意を向けてしまうことだ。

しかし、その「思考停止」に陥った瞬間に、君の成長は止まってしまう。

そして、君は、誰かの判断と指示に従って動くだけの人間になってしまう。

第二の落し穴は、「他者依存」だ。

「答えの無い問い」を考えることは、決して楽なことではない。そのため、その苦しさから逃れようとして、「他人の思考」に依存してしまう。

その落し穴は、ときに、職場において直面する難しい問題に対して、自分の頭で考えて解決策を出すことをせず、すべて、上司の判断に委ねてしまうという形で現れる。

そして、その落し穴は、ときに、難しい人生の問題に対して、自分で深く考えることをせず、ただ本を読んで得た知識を引用し、「ニーチェは、こう言っている」「フロイトは、こう言っている」などと語り、安易に、先人の思考に委ねてしまうという形で現れる。

そのいずれも、「他者依存」という落し穴だ。


第三の落し穴は、「割り切り」だ。

「割り切り」とは、「答えの無い問い」に直面したとき、それを深く考える苦しさから逃れるために、安易に、ある「答え」に飛びつき、楽になろうとしてしまうことだ。

例えば、「なぜ、働くのか」という問いや、「悪いこととは、何か」という問い。これらの問いは、実は、深い問いであり、難しい問いだ。

しかし、そうした問いを深く問うことが苦しくなると、心が楽になることを求め、無意識に、「とにかく、生きていくためには、働かざるを得ないのだから」と割り切り、また、「法律で禁じられていることが悪いことだから、それ以外は、何をしても良いのだ」と割り切ってしまう。

それが、「割り切り」という落し穴だ。

では、なぜ、その落し穴に陥ってしまうのか。

かつて、文芸評論家の亀井勝一郎が、心に残る言葉を語っている。

「割り切りとは、魂の弱さである」

その通り。

「答えの無い問い」を深く問うことや、問い続けるということは、決して楽ではないことだ。やはり、苦しいことだ。

だから、我々の心が強くなければ、それを深く問い続けることは、できない。亀井勝一郎の言葉を借りれば、「魂」が強くなければ、それは、できない。

されば、「答えの無い問い」を問う力、「知性」とは、その「魂の強さ」のことでもある。

そして、この「知性」を身につけるということは、良き人生を生きるという意味でも、とても大切なことだが、同時に、君が、実社会で活躍する人材になっていくためにも、大切なことだ。

なぜなら、第四話で述べたように、「答えの無い問い」を問う力とは、そのまま「知的創造力」に結びつき、「職業的能力」に結びついていくからだ。

例えば、大学に研究者として残り、学問上の新たな発見をする力は、答えの無い問いを問い続ける「知性」が無ければ、決して発揮できない。

また、企業で商品開発に取り組み、それまでなかった画期的な商品を開発する力もまた、この「知性」が無ければ、発揮できない。

だから、君には、東京大学で、「知能」ではなく、「知性」を磨いて欲しい。そして、深い「知性」を身につけて欲しい。

なぜ、そのことを願うのか。

いま、日本の社会には、不思議なことがあるからだ。

それは、実は、多くの人々が感じていることだ。

なぜ、高学歴の人物が、深い知性を感じさせないのか。

それは、ある意味で、当然のことだろう。

何度も語ってきたように、我が国における「高学歴」とは、「知能」が高いことは意味しているが、「知能」と「知性」とは全く違った能力だ。

それゆえ、高い「学歴」を持ち、高い「知能」を持つということが、深い「知性」を持つことを、何も保証しない。

だから、君には、「高学歴」ということに安住せず、大学生活の中で、深い「知性」をこそ身につけ、磨いて欲しい。

そして、この「知性」を磨くということは、これからの人工知能革命の時代において、ますます重要になっていく。

なぜなら、「人工知能」とは、文字通り、高い「知能」は持っているが、深い「知性」を持っているわけではないからだ。それゆえ、我々は、それを「人工知性」とは呼ばない。

「答えの無い問い」を問う力。問い続ける力。

その深い「知性」は、人間だけが持っているものであり、人間だけが発揮できるものだ。

だから、人工知能革命の時代には、「知性」を磨くということが、ますます大切になっていくことを、理解して欲しい。

ある「墓碑銘」の言葉

しかし、君が、この「知性」を身につけ、磨いていくとき、必ず理解しておいて欲しい、極めて大切なことがある。

それは、「なぜ、人間には、知性というものが与えられたのか」ということだ。

この問いは、極めて大切な問いだ。

英国のロンドンの郊外にハイゲートという墓地がある。その墓地の片隅に、世界の歴史を変えた思想家の墓があるが、その墓碑銘に、とても大切な言葉が書いてあることを、君は、知っているだろうか。

それは、次の言葉だ。

The philosophers have only interpreted the world, in various ways, the point, however, is to change it.

哲学者たちは、これまで世界を解釈してきたにすぎない。大切なことは、それを、変革することである。

これは、この墓に眠る人物、カール・マルクスの言葉だ。私は、マルクス主義者でも社会主義者でもないが、たしかに、この言葉は真実を突いている。

なぜ、我々人間に、「知性」というものが与えられたのか。それは、ただ、世界を「解釈」するために与えられたのではない。

それは、この世界を、この国を、この社会を、この地域を、この企業を、この職場を、少しでも良きものに変えていくために与えられたのだ。それを「変革」するために与えられたのだ。

だから、君には、「解釈の知性」ではなく、「変革の知性」をこそ、身につけて欲しい。

世の中では、しばしば「評論家的」という言葉が使われる。

それは、問題を抱えた現実を前に、ただ、その現実を評論し、批評し、分析し、解釈するだけで、自らその現実に関わり、リスクを取り、その現実を変えようとしない姿勢を批判する言葉だ。

君には、そうした評論家的な「解釈の知性」ではなく、自ら主体的に現実に関わり、目の前の困難や障害を越えて、その現実を変えようとする「変革の知性」をこそ、身につけて欲しい。

求められる「七つの知性」

では、「変革の知性」とは何か。

それは、「解釈の知性」に比べ、身につけることが、遥かに難しい知性だ。なぜなら、「変革の知性」とは、様々なレベルの知性を「垂直統合」したメタレベルの知性だからだ。

すなわち、もし君が、実社会に出て、目の前の現実を変えようと思うならば、第四話で述べた、「思想」「ビジョン」「志」「戦略」「戦術」「技術」「人間力」という「七つのレベルの知性」を、それぞれ身につけ、さらに、それらを垂直統合して活用する力を身につけなければならない。

そして、世の中で活躍している人材は、職種を問わず、分野を問わず、この「七つの知性」を、それなりにバランス良く身につけている。意識的でなくとも、無意識的に、これらの知性を身につけている。

君は、何年か後に実社会に出るだろう。そのとき、君は、現実の矛盾や現実の壁に突き当たるだろう。しかし、そのとき、君には、その現実を評論するだけで、何も変えることのできない人間にはなって欲しくない。

君には、その現実に向き合い、周りの仲間を鼓舞し、力を合わせ、心を一つにして、その現実を変えていける人間になって欲しい。

その「変革の知性」を身につけていること。

それこそが、「真のエリート」の条件なのだから。

「知識」と「教養」を混同しない

君が、大学において学ぶべき、もう一つ大切なことがある。

それは、「真の教養」を身につけることだ。

東京大学には、目黒区の駒場に「教養学部」がある。すべての東大生は、その学部で、二年間、教養を学び、その後、文京区本郷の専門課程へと進学する。

従って、君には、この駒場の時代に「教養」を身につけて欲しい。

しかし、この「教養」ということにも、世の中に誤解がある。

世の中では「幅広い教養」という言葉がしばしば使われるが、そのため、「教養」とは、様々な分野に関する「幅広い知識」であると思われている。

しかし、そうではない。

「真の教養」とは、様々な分野に関する「幅広い知識」を持つことではない。様々な分野に関する「深い問い」を持つことだ。

例えば、

「この宇宙が誕生する前、そこには何があったのか」

「地球とは、それ自身が、一つの生命体なのか」

「なぜ、自然界において、生命の進化が起こるのか」

「人間の意識とは、単なる脳神経の営みなのか」

「人類の文明は、どこに向かうのか」

「科学技術は、不死を実現できるのか」

「人工知能は、どこまで人間の精神に近づけるのか」

「歴史には、法則性というものがあるのか」

「国家というものは、いつか無くなるのか」

「資本主義は、貧富の差を拡大し続けるのか」

そうした「深い問い」を持つことだ。

もとより、それらの問いの多くは、先ほど述べた「答えの無い問い」だろう。

しかし、君は、その「答えの無い問い」を問い続ける「知性」を身につけているはずだ。

だから、君は、そうした「深い問い」を胸に、古今東西の様々な人々が、その問いに、どう答えようとしたのかを学んでいくことだ。

そして、自分自身で、その問いに答えてみようとすることだ。

「知の生態系」と君自身の思想

では、なぜ、それが必要か。

君自身の「思想」を持つためだ。

世の中には、一つの誤解がある。

多くの本を読む読書家の人物が、教養ある人物と思われることだ。

しかし、多くの本を読んで、多くの知識を身につけているということと、豊かな教養を身につけているということは、全く違うことだ。


例えば、私の大学時代、一日一冊の本を読むという友人がいた。

彼は、たしかに驚異的な速読家であり、多読家なのだが、本について語り合うと、あまり触発されなかった。


なぜなら、彼は、「あの本には、こう書いてあった」「この著者は、こう言っている」という形で、膨大な知識は披歴するのだが、彼自身が、どのような問題意識を持っているのか、その問題について、どのように考えているのかは、あまり明確に語れなかったからだ。

すなわち、この友人は、読んだ本の要点の解説は見事にできても、その著者の思想や、その本の内容を超えることは、決してできなかったのだ。

そして、残念なことに、この友人のこうした速読・多読の能力、要点把握の能力は、まもなく、人工知能が見事に代替していくだろう。


だから、大切なことは、いかに多くの本を読むかでも、いかに多くの知識を身につけるかでもない。

大切なことは、君自身の「思想」を持つことだ。

言葉を換えれば、君自身の「知の生態系」を創り上げていくことだ。

様々な知識が、学問分野の垣根を越え、図書館分類の垣根を越え、縦横に、有機的に結びつく「知の生態系」を生み出していくことだ。

そして、そのためにこそ、「深い問い」が必要なのだ。

「真の教養」とは何か

もし君が、心に「深い問い」を抱いているならば、君が、専門書や小説、新聞や雑誌、ウェブや映画など、様々なメディアから学ぶ知識が、自然に結びつき、一つの生態系を形成していく。そして、それこそが、君の「思想」なのだ。

例えば、君が、「死とは何か」という深い問いを抱いたとする。

もし君が、数多くの患者の最期を看取ってきたエリザベス・キューブラー・ロス博士の『続・死ぬ瞬間』という本を読むならば、その本の原題でもある「Death: The Final Stage of Growth（死：成長の最後の段階）」という言葉に何かを感じるかもしれない。

そして、若くして末期癌の宣告を受け、家族を残して他界した井村和清医師の手記、『飛鳥へ、そしてまだ見ぬ子へ』を読むと、そこに書かれている「死を覚悟した瞬間に、世界が光り輝いて見えた」という体験と、ロス博士の言葉が結びつくかもしれない。

さらに、戦争中、ナチスの収容所で最愛の子供を手放さざるを得なかった女性の悲しみを描いた映画、『ソフィーの選択』を観るとき、ソフィーにとって、死は、最後の安らぎだったのだろうかと感じるかもしれない。

また、手塚治虫の漫画、『火の鳥』を読むとき、永遠の命を与えられた登場人物が、自殺を図っても死ぬことができず、最後に「死にたい！」と叫ぶ姿を見て、君は、「死ねないことも、また、苦しみである」ということに気がつくかもしれない。

いずれにしても、もし君が、心の中に「死とは何か」という深い問いを抱き、専門書、手記、映画、漫画といったジャンルやメディアを問わず、縦横に学んでいくならば、そこには、君だけの個性的な「知の生態系」が生まれ、君だけの「思想」が生まれてくるだろう。

そして、それこそが、「真の教養」と呼ぶべきものだ。

どれほど多くの本を読み、どれほど様々な分野の知識を身につけても、その著者の思想を学び、その本の内容を理解するだけならば、君は、決して、その著者の思想を超えることはできず、その本の内容を超えることもできない。

君には、そのことを胸に刻み、「真の教養」を身につけていってもらいたい。

私が、大学院で「ネオ・リベラルアーツ（新たな教養）」という講義を続けているのも、受講生に、この「真の教養」を身につけて欲しいと願っているからだ。

しかし、君が大学で学ぶべきことは、この「真の教養」だけではない。

ある意味で、もっと大切なものがある。

「学歴」から「体験歴」へ

それは、「知識」よりも「智恵」を身につけることだ。

そのことは、第四話でも述べたが、書物で学ぶことのできる「知識」ではなく、経験を通じてしか掴めない「智恵」を身につけることだ。

なぜなら、人工知能が、この地球上のすべての「知識」を記憶し、検索し、活用する時代においても、経験を通じて「智恵」を掴み、それを自在に活用することは、人間だけにできることだからだ。

従って、これからの時代、君に問われるのは、「どれほど様々な本を読んだか」「どれほど多くの知識を身につけたか」ではなく、「どれほど様々な体験をしたか」「どれほど豊かな智恵を身につけたか」だ。

言葉を換えれば、これからの時代、君に問われるのは、「学歴」以上に、「体験歴」だ。

そうであるならば、君は、これからの大学時代に、どのような「経験」を積み、それを、どのようにして「体験」にまで深めるかを考えておかなければならない。

そして、これまで話してきたことからすれば、君が、この大学時代を通じて就職前に積んでおくべき経験、深めておくべき体験は、明らかだろう。

ここでは、「三つの体験」を述べておこう。

第一が、「職業的能力」を高める体験だ。

その最も具体的な方法は、会社などでアルバイトをすることや、企業のインターンシップに参加することだが、いずれも、「仕事の技術（スキルやセンス、テクニックやノウハウ）を学ぶ」という明確な目的意識を持って体験することが大切だ。

ただ、東大生の場合、アルバイトというと家庭教師のような仕事になることが多いが、こうした仕事は、「個人的に教える」という技術に偏っており、組織やチームでの仕事を体験することができないため、あまり勧めない。君は、もっと多様な技術が求められる仕事を体験すべきだろう。

私自身が、この職業的能力を身につける体験になったのは、東大の駒場祭や五月祭の実行委員になったことだ。これは、会社での仕事ではないが、イベントの運営、印刷物の制作、大学との交渉、予算の管理など、様々な仕事を体験し、色々な技術を身につける格好の機会であった。

第二が、「対人的能力」を高める体験だ。

これは、いま述べた会社でのアルバイトや企業でのインターンシップで、組織やチームでの仕事を行えば、必ず体験できることだが、そのとき、一つ大切な心得がある。

それは、「好きな人」「相性の良い人」とだけ付き合うということをせず、「好きになれない人」「相性の良くない人」とも接することを心掛けることだ。

その意味で、接客的な仕事や営業的な仕事は、この「対人的能力」を磨くには、格好の仕事だろう。

当初、そうした仕事の体験で、君は色々な苦労をするかもしれないが、その苦労は、必ず、君の対人的能力を高めてくれるだろう。

私自身、この対人的能力という意味で、非常に良い体験になったのは、アルバイトで、電話での商品販売を行ったことだ。

これは、渡された電話番号リストに従い、次々と電話をかけて商品の購入を勧める仕事だったが、電話をかけ、主旨を告げた瞬間に電話を切られる体験や怒鳴られる体験、顔の見えない相手の気持ちを想像しながら話を進めていく体験は、コミュニケーション力を磨くという意味では、非常に良い体験であった。

第三が、「組織的能力」を高める体験だ。

これは、言うまでもなく、一つの組織やチームのリーダーを務める体験だが、それは、クラブ活動やサークル活動でも良い、NPOやボランティア組織でも良い、できるかぎり、単なるメンバーではなく、リーダーを務めることだ。なぜなら、リーダーとメンバーでは、学べるものが、全く違うからだ。

実社会の企業経営の世界では、しばしば、「社長と副社長では、荷物の重さが一桁違う」と言われるが、たしかに、リーダーとサブリーダーでも学べるものが違う。単なるメンバーとでは大きく違う。

だから、「真のエリート」をめざして歩む君には、早い時期に、リーダーとしての体験をして欲しい。

何かの組織やチームのリーダーとしてメンバーをまとめ、一つの方向に向かって歩んでいくという体験は、最初は、大変な苦労をするだろうが、それが、必ず、君を大きく成長させていくだろう。

このリーダーシップという意味で、私にとって大きな体験になったのは、学生自治会の委員長を務めたことだった。それは、実に苦労の多い役割ではあったが、高校時代まで、話も下手で、それほどのリーダーシップもなかった人間が、この体験を通じて、話術やリーダーシップの基本を身につけることができた。まさに、鍛えられたというべき体験であった。

さて、ここまで、君が東京大学在学中に積むべき「三つの体験」について述べた。

それは、君が実社会に出て本当に役に立つのは、書物で学んだ「文献的知識」ではなく、こうした体験を通じて掴んだ「体験的智恵」だからだ。

そして、何度も述べてきたように、これから「文献的知識」を活用することは、人工知能によって大きく代替されていく。そのことを考えるならば、これからの時代、この「体験的智恵」は、ますます重要になっていく。

求められる「体験的智恵」の棚卸し

しかし、もし君が、この「体験的智恵」の大切さを理解したならば、大学生活を始める前に、必ず行うべきことがある。

それは、「体験的智恵」の棚卸しだ。

すなわち、君が、高校卒業までに、どのような経験をし、どのような「体験的智恵」を身につけてきたかを振り返るということだ。そして、君が、大学に入った時点で、どのような「職業的能力」や「対人的能力」「組織的能力」の基礎を身につけているかを自己評価することだ。


君は、大学受験の勉強以外に、どのような経験をしてきただろうか。

高校の野球部でキャプテンを務めた。新聞部で編集長を務めた。

そうした経験こそが、これからの君の人生において大切になってくる。

もし君が、野球部のキャプテンとしてチームをまとめるのに苦労した経験を持っているならば、君は、「リーダーシップ」という組織的能力において、すでに優れたものを身につけている。

また、もし君が、新聞部の編集長として特集紙面を企画するために苦労した経験を持っているならば、君は、「企画力」という職業的能力において、すでに大切な何かを掴んでいる。

いや、たとえ、君が高校時代にクラスの友人と喧嘩し、和解した経験でさえ、相手の気持ちを感じ取る力、相手に気持ちを伝える力という意味で、「対人的能力」を身につける良い機会になっている。

だから、君には、高校卒業までに、どのような経験をし、どのような「体験的智恵」を身につけてきたかを振り返ってもらいたい。

自分の弱点と課題を明確にする

だが、君が、高校時代までの経験を棚卸しすべき理由は、その経験を通じて君が掴んだ智恵を振り返るためだけではない。

それは、まだ君に欠けている智恵を見つめるためであり、欠けている経験を知るためだ。

例えば、「自分には、企画をまとめていく力が欠けている」「自分には、仲間をまとめていく力が欠けている」「自分には、相手の気持ちを感じ取る力が欠けている」……。

君が、そうしたことに気がつくならば、それが、これからの大学生活で、意識的に身につけ、磨いていくべきものだ。

そのために、君は、所属するクラブやサークルを選ぶべきかもしれない、また、そのクラブやサークル、働くアルバイト先を選ぶべきかもしれない、また、そのクラブやサークル、アルバイト先の職場で、自分が担うべき役割と仕事を選ぶべきかもしれない。

「大学での勉強」はどうするか

しかし、こう述べてくると、君の中に、一つの疑問が浮かぶだろう。

「では、大学の講義での学びは、大切にする必要はないのか」
「そうは言っても、大学で学ぶ専門知識も、やはり重要なのではないか」

その疑問だ。

しかし、それは心配する必要は無い。もともと、君は、授業を聴き、教科書を読み、知識を学ぶ能力の高さは、折り紙付きなのだから。

そうした勉強は、君ならば、大学時代にサークル活動やアルバイトなどの様々な経験を積み、様々な体験的智恵を身につけていくことと、十分に両立できるはずだ。

むしろ、君が、大学生活を振り返ったとき、講義を聴き、教科書を読み、試験で良い成績を取ることだけに大半の時間とエネルギーを使ってしまったならば、おそらく君は、大学の試験で優秀な成績を収め、君の成績表は

「オールA」という高評価のものになるだろうが、「実社会での評価」という試験には、不合格となってしまう可能性が高いだろう。

「目的意識」を持って徹底的に経験する

ただし、サークル活動やアルバイトなどの経験をするとき、君が心に刻むべき大切なことが、二つある。

一つは、「目的意識」を持って経験することだ。

サークル活動でも、アルバイトでも、「自分はこの経験を通じて、何を学ぶか」という目的意識を、心の片隅に、しっかりと置いておくことだ。

例えば、アルバイトをするとき、「お金をもらうために、仕方なく、一定の時間を働く」と考えるならば、その経験から大したことは学べない。
しかし、「よし、このアルバイトで、チームリーダーとしての処し方を学ぼう」と考えるならば、同じ時間を働いても、得られるものが全く違ってくる

もう一つは、「徹底的」に経験することだ。

すなわち、サークル活動やアルバイトで何かの経験をするならば、中途半端に経験するのではなく、徹底的に経験することだ。それが、「経験」を「体験」にまで高めるということだ。

では、どうすれば、明確な目的意識を持って、徹底的に経験することができるのか。

毎日「反省日記」をつける

そのための一つの有効な方法は、すでに第四話で述べた。

毎日、「反省日記」をつけることだ。

しかし、「日記」と言っても、これは、多くのブロガーが世の中に公開している「ブログ日記」などではない。

それは、「誰にも読まれることのない日記」だ。

誰にも読まれないからこそ、自分の過ちや失敗の経験を率直に書ける。

自分が感じたこと、考えたことを赤裸々に書ける。そして、そのことによって、自分の中の「賢明なもう一人の自分」との対話が自然に生まれる。

本来、日記とは、そうしたものであった。

この「反省日記」をつけることを習慣にすると、毎日の様々な「経験」が、自然に「体験」へと深まっていく。

日々の大学生活、私生活を問わず、一日の終わりに、その日の様々な経験を心の中で追体験し、その経験から学ぶことのできた智恵を振り返るという習慣、すなわち、「反省の習慣」を、この日記を通じて続けていくと、自然に、いま自分が持つべき目的意識が明確になり、日々の経験の密度が高まっていく。それが、「徹底的に経験する」ということの意味だ。

では、その「反省日記」において、何を書き、どのような智恵を掴んでいくのか。

「人間」というものを深く学ぶ

書くべきことは、様々にある。そして掴むべき智恵も、様々にある。

しかし、この「反省日記」で、最も深く掴むべき智恵は、「人間の心」に処する智恵だ。

なぜなら、君が実社会に出て発揮すべき「職業的能力」「対人的能力」「組織的能力」は、いずれも、「人間の心」というものに処する能力だからだ。


例えば、職業的能力の一つである「企画力」。

この企画力とは、単にアイデアを出すことではない。思い浮かんだアイデアを、説得力のある一つの企画書にまとめ上げる能力こそが「企画力」

だが、その能力の核心は、企画書を読む「人間の心」の動きを想像する力であり、企画書を通じて、それを読む「人間の心」に働きかける力だ。

そして、一流の企画プロフェッショナルは、例外なく、その優れた力を持っている。

いや、それは、企画書だけではない。仕事の報告書を書く、上司へのメールを書くこと一つでも、それを読んだときの相手の「心の動き」を想像する力が問われる。「相手の心」に働きかける言葉を選ぶ力が問われる。「仕事ができる」という評価を受ける人は、これも例外なく、その優れた力を持っている。

このように、「対人的能力」や「組織的能力」はもとより、「職業的能力」も、その能力の根本は、「人間の心」というものに処する力だ。

反省日記が高める「三つの能力」

そして、君は、「反省日記」をつけることによって、自然に、この「人間の心」に処する力を身につけることができるだろう。

毎日、一日の終わりに、サークル活動やアルバイトなど、様々な人々と過ごした色々な場面を振り返り、その中の大切な場面で、相手との間でどのような会話がなされたか、そのとき、相手の心がどう動いたか、自分の心がどう動いたか、何を語るべきであったか、どのように語るべきであったかを、静かに振り返り、日記に書き止めていく。

その習慣を身につけるだけで、君の「人間の心」に処する力は、自然に高まっていくだろう。そして、気がつけば、君の「職業的能力」「対人的能力」「組織的能力」も高まっているだろう。

だから、君には、大学時代から、「反省日記」をつけることを勧める。

それは、いかなる人間学の古典を読むことにも勝る、「人間」を学び、「人間の心」を学び、「己の心」を学ぶ、最も優れた方法だからだ。

私自身、大学一年のときから、この「反省日記」をつけ始め、社会人になっても続け、一〇年の歳月を越えて日記をつけ続けたが、この習慣によって得たものは、極めて大きい。

それは、私自身の「職業的能力」「対人的能力」「組織的能力」を確実に高めてくれた。

だから、君には、これからの大学時代、サークル活動やアルバイトを含め、できるだけ様々な経験を積んで欲しい。そして、「反省日記」という習慣を通じて、その経験から、人間というものを学び、人間集団というものを学び、組織というものを学んでいって欲しい。

その努力と、その習慣は、必ず、君の人生を拓くだろう。

その優れた力で何を成し遂げるのか

さて、この第七話では、「知性とは何か」「教養とは何か」という話から始め、君が、東京大学在学中に、「職業的能力」「対人的能力」「組織的能力」という三つの能力の基礎を、いかにして身につけていくか、その方法について述べた。

そして、君が、本書の第四話から第七話で述べたアドバイスを参考に、これからの四年間の大学生活を有意義なものにしていくならば、君は、実社会に出た後も、間違いなく「活躍する人材」になっていくだろう。社会が期待する以上の優れた力を発揮する人間になっていくだろう。

しかし、そのとき、君に、深く考えて欲しいことがある。

君は、その優れた力を使って、何を成し遂げていくのか。

そのことを、深く考えて欲しい。

最後の終話では、そのことを語ろう。

終話

一度かぎりの人生をいかに生きるか

「大学に行ける」ことの有り難さ

本書での、私から君へのメッセージも、最後となった。
もう一度、序話と第一話で語った、私の思いを伝えておこう。
君には、これから「真のエリート」として歩んで欲しい。
そして、素晴らしい人生を送って欲しい。

だから、もう一度、「真のエリート」とは何か。
そのことを語っておこう。

「真のエリート」とは、

自分に与えられたものの有り難さを知っている人間。
自分に与えられたものへの感謝の心を抱いている人間。
自分に与えられたものへの謙虚さを身につけている人間。
自分が抱いた感謝の心を、その生き方で表していく人間。

その人間のことだ。

「真のエリート」とは、「厳しい競争を勝ち抜いた人間」のことではない。そのことにより「自分は優秀だ」と思い込んでいる人間のことではない。

「真のエリート」とは、自分が「恵まれた人間」であることを知り、そのことに謙虚な心で感謝し、その深い感謝を、世の中の多くの人々の幸せのために生きることによって表す人間のことだ。

だから、「真のエリート」の道を歩むために、実は、東大生や東大卒である必要はない。

「大学に行ける」ということが、有り難いことであり、恵まれたことであることを自覚し、その感謝を、世の中の多くの人々の幸せのために生きることによって表そうとするならば、すべての大学生が、「真のエリート」としての道を歩める。

そして、我々が、七五年の時を遡って一つの歴史を見つめるならば、「大学に行ける」ということが、いかに恵まれたことか分かるだろう。

叫ぶように書かれた手記

君は、「学徒出陣」という言葉を知っているだろうか。

一九四三年、第二次世界大戦の末期、戦況の悪化とともに、兵員不足を補うために、全国の大学生が「学徒兵」として徴兵され、悲惨な戦地に送り出された。そして、その多くが戦死していった。

戦後、戦死した学徒兵たちの手記が編纂され、『きけ　わだつみのこえ』と呼ばれる本となって出版された。

この本に収録された手記の書き手は、皆、二〇歳から二一歳で徴兵され、二二歳から二三歳で無残に戦死していった。

私は、大学時代、この『きけ　わだつみのこえ』を読み、その一つ一つの手記に、胸を打たれた。

この中には、「お父さん、お母さん、自分は、この国を守るために、勇敢に死んでいきます」といった手記もあるが、むしろ、私の胸に突き刺さってきたのは、次の言葉を、叫ぶようにして書いている手記だった。

「今の何も知らない子供たち、
彼らはあれでいい。
みじめなのは俺たちだ
俺たちよりちょうど一昔前の、佑兄の頃の人たち
俺たちよりはましだ
人間らしい生活を、少しでも送ってきているんだもの」

このように、叫ぶようにして書き遺された手記。

自分は、徴兵され、学業を諦め、戦地に送られた。
そして、まもなく、この戦争で死ぬだろう。それが無念だ。
自分は、この世代に生まれたために、死ななければならない。
もう少し遅く生まれていれば、戦場に行かなくてすんだ。
不幸なのは、我々の世代だ。
なぜ、我々の世代だけが、こんな無残な形で
死ななければならないのか。それが無念だ。

この戦没学生の手記からは、その叫びが聞こえてくる。
そして、この叫びは真実だ。
この二年後に、戦争は終わったからだ。

この魂の叫びのような手記は、当時、大学生だった私の胸に突き刺さってきた。

一九七〇年当時から見れば、わずか二七年前の大学生は、召集令状一枚で、この無念の人生を与えられた。いまから見れば、七五年前だ。

その彼らの人生を思えば、我々は、何と恵まれた世代であり、何と恵まれた人間なのか。

その我々が、ただ、偶然、生まれた時代が平和な時代、豊かな時代であることに安住し、さらに平和な世の中、豊かな世の中を創るための努力を怠って生きるならば、彼らは、遠くから、我々の姿を見て、何を思うだろうか。

君には、そのことを考えて欲しい。

そして、この日本という国の、その歴史を見つめるならば、現代に生まれた我々日本人は、大学生だけでなく、実は、誰もが、「恵まれた人間」ではないか。

戦争で三〇〇万人以上が命を落とした時代に生まれた人々に比べれば、我々は、誰もが、「恵まれた人間」ではないか。

君には、そのことを考えて欲しい。

世界で最も恵まれた国

いや、君には、さらに、この世界を見つめて欲しい。

いま、この地球上には、七七億の人々が生きている。

その多くが、いまだに、飢えと貧困にあえぎ、紛争や戦争に苦しめられている。

それらの人々に比べれば、我々日本人は、誰もが「恵まれた人間」ではないか。


七〇年以上戦争の無い平和な国。

世界第三位を誇る経済的な大国。

最先端の科学技術の恩恵に浴せる国。

高齢社会が悩みとなる健康長寿の国。

国民の多くが高等教育を受けられる国。


いま、この五つの条件を考えてみるだけでも、我々日本人は、「世界で最も恵まれた人間」ではないか。

君には、そのことを考えて欲しい。

そして、この時代に生まれ、この日本に生まれ、大学に行けるほどの教育を受け、その中でも、東大生となった君は、誰よりも「恵まれた人間」ではないか。

だから、君には、「真のエリート」になって欲しい。

そして、これから、「真のエリート」として生きようとする多くの大学生の「鑑《かがみ》」となって欲しい。「真のエリート」として生きようとする多くの人々の「鑑」となって欲しい。

だから、君には、いま、一つの「覚悟」を定めてもらいたい。

「生涯をかけて、世の中の多くの人々の幸せのために、生きる」

その「覚悟」を定めてもらいたい。

そして、その「覚悟」、
それを、昔から、この日本では、「志」と呼んできた。

だから、君には、「志」を抱いて欲しい。

この世の中を、少しでも良きものに変えるために、
この世の中の人々を、少しでも幸せにするために、
力を尽くして生きる。

その「志」を抱いて欲しい。

いま、社会全体が、厳しい競争原理の中に投げ込まれ、「勝ち組」と「負け組」が明確に分離し、貧富の差が拡大し、未来への不安が募り、誰

もが「自分の幸せ」のために精一杯に生きざるを得ない時代において、「エリート」と呼ばれる人間が、「恵まれた人生」を与えられた人間が、ただ「自分の幸せ」だけを見つめ、さらに「勝ち組」になるためだけに生きるとすれば、それは、寂しい人生ではないだろうか。

君には、そうした寂しい人生を、生きて欲しくない。

「輝き」と「導き」の人生

しかし、「志」を抱いた生き方は、決して、自己犠牲的な生き方ではない。逆風の中を生きる、辛い生き方ではない。

いや、その生き方は、自分を輝かせ、多くの人々を輝かせ、大いなる何かに導かれる、素晴らしい生き方だ。

それは、なぜか。

もし我々が、真摯に「志」を抱いて歩むならば、その「志」を実現するために、大いなる何かが、有り難い「縁」を導いてくれるからだ。

もし我々が、ささやかな人生を通じて、世の中のために、何か良きことを為したい、多くの人々の幸せのために、何か良きことを為したいと願い、その「志」を、深く、強く抱くならば、必ず、素晴らしい人物と巡り会い、素晴らしい人々が周りに集まり、必要な智恵と力を貸してくれる。

それが、我々の人生の真実だ。

だから、君には、勇気を持って歩んで欲しい。
迷うことなく、「志」を大切に歩んで欲しい。

その歩みは、必ず、君の人生を拓く。

そして、その歩みは、君に、人生で最高の報酬を与えるだろう。

目に見えない「三つの報酬」

それは、三つの報酬だ。

第一は、「働き甲斐」と「生き甲斐」という報酬。

この日本という国では、昔から、「働く」とは「傍《はた》」を「楽《らく》」にすることと言われてきた。すなわち、この国において、「働き甲斐」とは、周りの人々を幸せにする喜びのことであり、世の中の人々を幸せにする喜びのことだ。

だから、君が、これからの人生を通じて、「世のため、人のため」という「志」を抱いて歩むならば、君は、必ず、その「働き甲斐」を感じることができるだろう。それは、そのまま、君の「生き甲斐」になっていく。

第二は、「職業人としての成長」と「人間としての成長」という報酬。

これからの人生、君の抱く「志」が高ければ高いほど、君の前に現れる苦労や困難も大きいだろう。しかし、君の抱く「志」が強ければ、君は、悪戦苦闘しながらも、必ず、その苦労や困難を乗り越えていくだろう。

そして、そのとき、君は気がつくだろう。

自分が、その苦労や困難を乗り越える歩みの中で、職業人として、人間として、大きく成長したことに。

君には、その喜びを味わって欲しい。

第三は、「素晴らしい人々との出会い」という報酬。

君が「志」を抱いて歩むとき、あたかも磁石が引き合うように、自然に、同じ「志」を抱いた人々との巡り会いが与えられるだろう。それは、ときに、優れた「師」と呼ぶべき人との出会いであり、ときに「同志」と呼ぶべき素晴らしい仲間との出会いだろう。

そして、君は、これから長き道を歩み、いつか、人生を振り返ったとき、気がつくだろう。

素晴らしい人々との出会い。

それは、人生において与えられる最高の喜びであることを。

それが、三つの報酬だ。我々が「志」を抱いて人生を歩むとき、天が我々に与える素晴らしい報酬だ。

いま、世の中の多くの人々は、「給料や年収」、そして「役職や地位」というものが、働くことの報酬だと思っている。
しかし、それだけが、働くことの報酬ではない。

人生には、目には見えないが、素晴らしい報酬というものがある。

「働き甲斐と生き甲斐」
「職業人としての成長と人間としての成長」
「素晴らしい人々との出会い」

それは、我々が、この一度かぎりの人生において、「志」を抱き、力を尽くして歩んだとき与えられる、最高の報酬であることを、忘れないで欲しい。

そして、「真のエリート」とは、「志」を抱いて生きることの大切さと、その報酬の素晴らしさを、自身の後姿によって、多くの人々に伝えていく人間でもある。

だから、君には、その「真のエリート」として生きて欲しい。
なぜなら、多くの人々が、いつも、君の後姿を見ているからだ。

「砂時計の音」に耳を傾けて

そして、最後に伝えておきたい。
君が、「真のエリート」としての道を歩むのならば、大学時代に、必ず掴んで欲しいものがある。

それは、「死生観」だ。

では、「死生観」とは何か。

それは、人生の「三つの真実」を見つめることだ。

人は、必ず、死ぬ。
人生は、一度しかない。
人は、いつ死ぬか、分からない。

君には、その「三つの真実」を見つめ、歩んで欲しい。

君は、気がついているだろうか。

我々の横には、「目に見えない砂時計」がある。
その砂は、いまも、さらさらと落ちている。
そして、その砂が落ち切ったとき、我々の人生が、終わる。

けれども、その砂時計は、「目に見えない砂時計」。
砂が、どれほど残っているのか、分からない。
あと五〇年なのか、一日なのか、分からない。
その砂が落ちていく音だけが、聞こえてくる。

だから、君には、その砂時計の砂の音に耳を傾けながら、生きて欲しい。
過ぎ行く時間を、過ぎ行く日々を、大切に、慈しむように生きて欲しい。

そして、時間のかけがえのなさ、人生のかけがえのなさを、心に刻んで欲しい。

なぜか。

君は、これから、社会や組織のリーダーとして、多くの人々の人生に責任を持つ立場になっていくからだ。多くの人々の人生に影響を与える立場になっていくからだ。

だからこそ、大学時代に、知っておいて欲しい。

君が責任を持ち、影響を与える人々の人生のかけがえのなさを。

そして、知っておいて欲しい。

誰もが、かけがえのない人生を生きている。
誰もが、精一杯に、懸命に、人生を生きている。

その人間に対する、深い思い。
それこそが、究極、「真のエリート」に求められるものだ。

君には、その深い思いを心に刻み、歩んで欲しい。

「奇跡の一瞬」を生きる

いま、私自身、六七年の人生を振り返り、心に浮かぶ言葉がある。

「一瞬」

そう、人生は「一瞬」だ。

自分は、まだ若い、まだ若い、まだ多くのことが成し遂げられると思って歩んできたが、気がつけば、六七年の歳月が流れていた。

そして、その人生は、振り返れば、「一瞬」と呼ぶべき人生であった。

君も、いつか、何十年か先に、その感懐を胸に抱くだろう。

だから、君に伝えたい。

我々の人生、百年生きても、いずれ「一瞬の人生」だ。

誰もが、その「一瞬の人生」を駆け抜けていく。

精一杯の思いで、懸命に、駆け抜けていく。

だから、人間同士の出会いは、
その「一瞬」と「一瞬」が交わる、「奇跡の一瞬」。
君には、その「一瞬」を大切に、生きて欲しい。
そして、その「一瞬」を生きる人々への深い思いを抱き、生きて欲しい。
それこそが、「真のエリート」に求められる、最も大切なものだ。

少しだけ先を歩みながら

そして、最後に、もう一度だけ、伝えておきたい。

君は、恵まれた人間だ。

だからこそ、

そのことへの深い感謝を忘れず、

生きて欲しい。

その感謝を、
世の中の人々の幸せのために生きることによって、
表して欲しい。

君が、そうした生き方をすることを、願っている。

君が、その素晴らしい人生を歩むことを、祈っている。

だから、ときおり、思い出して欲しい。
少しだけ先を歩んでいる一人の先輩もまた、
拙い歩みながら、
そうした生き方をしたいと願い、
歩み続けていることを。

謝辞

最初に、光文社新書の三宅貴久編集長に、感謝します。
この本は、三宅さんとの創発的対話の中から生まれました。
いつもながら、緻密で心のこもった仕事に感謝します。

また、仕事のパートナー、藤沢久美さんに、感謝します。
藤沢さんの真摯に仕事に取り組む姿を拝見していると、これからの時代、「活躍する人材」になるために、何が大切かを教えられます。

そして、様々な形で執筆を支えてくれる家族、
須美子、誓野、友に、感謝します。
こうして一冊の著書を上梓するとき、感謝の思いが深まります。

執筆の手を休め、窓の外を眺めると、どこまでも青い空を背に、
白銀の富士が、凛として輝き、聳え立っています。
その姿を仰ぐとき、いつも、
高き志を抱き、その頂に向かって歩む人生の、輝きを思います。

最後に、すでに他界した父母に、本書を捧げます。
お二人の子供として生を享け、この教育を受けさせて頂いたこと、
そのことへの感謝の念は尽きません。
この御恩返しは、与えて頂いた人生を終える、そのときまで、
世の中に光を届ける歩みを続けていくことと、思い定めています。

二〇一八年三月二八日

田坂広志

さらに学びを深めたい君へ
―自著による読書案内―

本書で語ったテーマを、さらに深く学びたいと思う君には、拙著ながら、次の八冊の本を読まれることを薦めたい。

『未来を拓く君たちへ』（ＰＨＰ研究所）

君が、「真のエリート」としての道を歩むために、「志」とは何か、いかなる「志」を抱くべきかを、さらに深く考えたいならば、本書を読んで欲しい。英語とスペイン語にも翻訳され、海外でも多くの人々に読まれている本書の副題は、『なぜ、我々は「志」を抱いて生きるのか』だ。

『人生の成功とは何か』（ＰＨＰ研究所）

君が、世の中の風潮に流されず、「人生の成功」とは何かを、さらに深く考えたいならば、本書を薦める。この本では、「勝者の思想」を超えた深い人生観に基づく「達成の思想」「成長の思想」について語った。

『知性を磨く』（光文社）

君が、この国や社会、地域や市場、組織や職場を変革するリーダーになりたいならば、「思想」「ビジョン」「志」「戦略」「戦術」「技術」「人間力」という「七つのレベルの知性」を垂直統合して身につけなければならない。本書では、それぞれの知性の磨き方、それらを垂直統合して身につける方法について語った。

『仕事の思想』（ＰＨＰ研究所）

君が、実社会に出て「活躍する人材」になりたいならば、本書に述べた「一〇の思想」を身につけて欲しい。私の実社会での体験を述べた本でもあり、就職前後の若い世代に、一八年を超え、読み継がれてきた本だ。

『仕事の技法』（講談社）

君が、言葉を超えた「非言語的コミュニケーション」の力を磨きたいならば、本書で述べた具体的技法を実践して欲しい。確実に、君の「職業的能力」「対人的能力」「組織的能力」が高まっていくだろう。

『仕事の報酬とは何か』（ＰＨＰ研究所）

君が、志を抱いて生きることの最高の報酬とは何かを学びたいならば、「目に見えない三つの報酬」について語った本書を読むことを薦める。

『なぜ、働くのか』（ＰＨＰ研究所）

君が、深い「死生観」を掴みたいならば、本書を読んで欲しい。「働く」ということの奥には、これほど深い世界があることを知るだろう。

『人間を磨く』（光文社）

君が、「東大卒」の落し穴に陥ることなく、多くの人々が共に歩んでくれる人間へと成長していきたいならば、この本を読んで欲しい。

「人生」を語る

『自分であり続けるために』（ＰＨＰ研究所）
『未来を拓く君たちへ』（単行本：くもん出版／文庫本：ＰＨＰ研究所）
『いかに生きるか』（ソフトバンク・クリエイティブ）
『人生の成功とは何か』（ＰＨＰ研究所）
『人生で起こること　すべて良きこと』（ＰＨＰ研究所）
『逆境を越える「こころの技法」』（ＰＨＰ研究所）
『人間を磨く』（光文社）
『すべては導かれている』（小学館）

「仕事」を語る

『仕事の思想』（ＰＨＰ研究所）
『なぜ、働くのか』（ＰＨＰ研究所）
『仕事の報酬とは何か』（ＰＨＰ研究所）
『これから働き方はどう変わるのか』（ダイヤモンド社）
『なぜ、時間を生かせないのか』（ＰＨＰ研究所）

「成長」を語る

『知性を磨く』（光文社）
『知的プロフェッショナルへの戦略』（講談社）
『プロフェッショナル進化論』（ＰＨＰ研究所）
『成長し続けるための７７の言葉』（ＰＨＰ研究所）

「技法」を語る

『深く考える力』（ＰＨＰ研究所）
『仕事の技法』（講談社）
『経営者が語るべき「言霊」とは何か』（東洋経済新報社）
『ダボス会議に見る世界のトップリーダーの話術』（東洋経済新報社）
『意思決定　１２の心得』（ＰＨＰ研究所）
『企画力』（ＰＨＰ研究所）
『営業力』（ダイヤモンド社）

主要著書

「思想」を語る

『生命論パラダイムの時代』（ダイヤモンド社）
『まず、世界観を変えよ』（英治出版）
『複雑系の知』（講談社）
『ガイアの思想』（生産性出版）
『忘れられた叡智』（ＰＨＰ研究所）
『使える弁証法』（東洋経済新報社）

「未来」を語る

『未来を予見する「５つの法則」』（光文社）
『未来の見える階段』（サンマーク出版）
『目に見えない資本主義』（東洋経済新報社）
『これから何が起こるのか』（ＰＨＰ研究所）
『これから知識社会で何が起こるのか』（東洋経済新報社）
『これから日本市場で何が起こるのか』（東洋経済新報社）

「戦略」を語る

『まず、戦略思考を変えよ』（ダイヤモンド社）
『これから市場戦略はどう変わるのか』（ダイヤモンド社）

「経営」を語る

『複雑系の経営』（東洋経済新報社）
『暗黙知の経営』（徳間書店）
『なぜ、我々はマネジメントの道を歩むのか』（ＰＨＰ研究所）
『なぜ、マネジメントが壁に突き当たるのか』（ＰＨＰ研究所）
『こころのマネジメント』（東洋経済新報社）
『ひとりのメールが職場を変える』（英治出版）

著者情報

田坂塾への入塾

思想、ビジョン、志、戦略、戦術、技術、人間力という
「７つの知性」を垂直統合した
「２１世紀の変革リーダー」への成長をめざす場
「田坂塾」への入塾を希望される方は
下記のアドレスへ

tasakajuku@hiroshitasaka.jp

「風の便り」の配信

著者の定期メール「風の便り」の
配信を希望される方は、下記のサイトへ

「未来からの風フォーラム」
http://www.hiroshitasaka.jp

ご意見・ご感想の送付

著者へのご意見やご感想は
下記の個人アドレスへ

tasaka@hiroshitasaka.jp

講演の視聴

著者の講演を視聴されたい方は、下記のサイトへ

YouTube「田坂広志　公式チャンネル」

田坂広志（たさかひろし）

1951年生まれ。'74年東京大学卒業。'81年同大学院修了。工学博士（原子力工学）。'87年米国シンクタンク・バテル記念研究所客員研究員。'90年日本総合研究所の設立に参画。取締役等を歴任。2000年多摩大学大学院の教授に就任。同年シンクタンク・ソフィアバンクを設立。代表に就任。'05年米国ジャパン・ソサエティより、日米イノベーターに選ばれる。'08年世界経済フォーラム（ダボス会議）のGlobal Agenda Councilのメンバーに就任。'10年世界賢人会議ブダペスト・クラブの日本代表に就任。'11年東日本大震災に伴い内閣官房参与に就任。'13年全国から4200名の経営者やリーダーが集まり「21世紀の変革リーダー」への成長をめざす場「田坂塾」を開塾。著書は80冊余。

東大生《とうだいせい》となった君《きみ》へ　真《しん》のエリートへの道《みち》

2018年4月30日初版1刷発行

著　者 ── 田坂広志
発行者 ── 田邉浩司
装　幀 ── アラン・チャン
印刷所 ── 堀内印刷
製本所 ── 榎本製本
発行所 ── 株式会社光文社
東京都文京区音羽1-16-6（〒112-8011）
https://www.kobunsha.com/
電　話 ── 編集部03（5395）8289　書籍販売部03（5395）8116
業務部03（5395）8125
メール ── sinsyo@kobunsha.com

ISBN 978-4-334-04348-3

941
素人力
エンタメビジネスのトリック?!

長坂信人

「長坂信人を嫌いだと言う人に会った事がない」——秋元康氏。超個性的なメンバーを束ねる制作会社オフィスクレッシェンド代表による仕事術、経営術とは？　堤幸彦監督との対談も収録。

978-4-334-04347-6

942
東大生となった君へ
真のエリートへの道

田坂広志

東大卒の半分が失業する時代が来る。その前に何を身につけるべきか？　高学歴だけでは活躍できない。論理思考と専門知識が価値を失う「人工知能革命」の荒波を、どう越えていくか？

978-4-334-04348-3

943
グルメぎらい

柏井壽

おまかせ料理ではなくお仕着せ料理、味よりもインスタ映え、料理人と馴れ合うブロガー。今のグルメ事情はどこかおかしい——。二十五年以上食を語ってきた著者による、覚悟の書。

978-4-334-04349-0

944
働く女の腹の底
多様化する生き方・考え方

博報堂キャリジョ研

今の働く女性たちは何を考え、どう生きているのか？「キャリア（職業）を持つ女性」＝通称「キャリジョ」を徹底分析。多様化する、現代を生きる女性たちのリアルに迫る。

978-4-334-04350-6

945
日本の分断
切り離される非大卒若者《レッグス》たち

吉川徹

団塊世代の退出後、見えてくるのは新たな分断社会の姿だった——。計量社会学者が最新の社会調査データを元に描き出す近未来の日本。社会を支える現役世代の意識と分断の実態。

978-4-334-04351-3